面向资产管理者的
机器学习

［西］马科斯·M. 洛佩斯·德普拉多
（Marcos M. López de Prado）著

冯鑫 张大庆 王飞跃 译

MACHINE
LEARNING FOR
ASSET
MANAGERS

机械工业出版社
CHINA MACHINE PRESS

本书面向广大资产管理者和各类研究人员，基于机器学习和人工智能，指明从一个投资理念和理论到成功的投资策略具体实施的量化途径。作者认为一个缺乏理论依据的投资策略很可能是错误的。为此，资产管理者应致力于发展理论，而不仅是回测潜在的交易规则。本书就是从帮助资产管理者发现经济和金融理论的角度出发，介绍机器学习的工具。机器学习不是一个黑匣子，也不一定会过拟合。机器学习的工具与经典统计方法是互补关系，而不是替代关系。本书认为机器学习的一些优点包括：注重样本外的可预测性，而不是样本内的方差判断；使用计算方法避免依赖一些（或许不切实际的）假设；能够"学习"复杂的规范，包括高维空间中的非线性、分层和非连续的交互效应；能够将变量搜索与设定搜索分离，并能很好地防止多重线性和其他替代效应。

This is a translation of the following title published by Cambridge University Press：Machine Learning for Asset Managers, 9781108792899

© True Positive Technologies, LP 2020

This translation for the People's Republic of China (excluding Hong Kong, Macau and Taiwan) is published by arrangement with the Press Syndicate of the University of Cambridge, Cambridge, United Kingdom.

© China Machine Press 2022

This translation is authorized for sale in the People's Republic of China (excluding Hong Kong, Macau and Taiwan) only. Unauthorized export of this translation is a violation of the Copyright Act. No part of this publication may be reproduced or distributed by any means, or stored in a database or retrieval system, without the prior written permission of Cambridge University Press and China Machine Press.

Copies of this book sold without a Cambridge University Press sticker on the cover are unauthorized and illegal.

本书封面贴有 Cambridge University Press 防伪标签，无标签者不得销售。

北京市版权局著作权合同登记　图字：01-2020-3791号。

图书在版编目（CIP）数据

面向资产管理者的机器学习 /（西）马科斯·M.洛佩斯·德普拉多著；冯鑫，张大庆，王飞跃译. — 北京：机械工业出版社，2022.1

书名原文：Machine Learning for Asset Managers

ISBN 978-7-111-69948-4

Ⅰ.①面… Ⅱ.①马… ②冯… ③张… ④王… Ⅲ.①机器学习-应用-资产管理-研究 Ⅳ.①F20

中国版本图书馆 CIP 数据核字（2021）第 266454 号

机械工业出版社（北京市百万庄大街22号　邮政编码100037）
策划编辑：坚喜斌　　　　　责任编辑：坚喜斌　李新妞
责任校对：张亚楠　王　延　责任印制：李　昂
北京联兴盛业印刷股份有限公司印刷
2022年1月第1版·第1次印刷
145mm×210mm·7.75印张·1插页·138千字
标准书号：ISBN 978-7-111-69948-4
定价：88.00元

电话服务　　　　　　　　　　网络服务
客服电话：010-88361066　　机　工　官　网：www.cmpbook.com
　　　　　010-88379833　　机　工　官　博：weibo.com/cmp1952
　　　　　010-68326294　　金　书　网：www.golden-book.com
封底无防伪标均为盗版　　　　机工教育服务网：www.cmpedu.com

中文版序

很荣幸自己的 *Machine Learning for Asset Managers* 一书被译为中文。我撰写此书是为了填补同类著作的空白,尽管已经有许多关于机器学习的优秀教科书,但当通用机器学习技术在金融领域应用失败时,却很难找到具体的原因和解决的细节。金融系统非常复杂,正确的建模必须借助大量特定领域的知识。量化投资比人脸识别和自动驾驶要困难好几个数量级。就像我经常和学生开玩笑所讲的,我的狗可以分辨出不同的面容,但是它在管理我的投资组合方面一定会做得很差。

非常感谢王飞跃教授为此书的翻译所做的一切。我在康奈尔大学的学生中约有 90% 是中国公民,这既证明了中国教育系统的高质量,也证明了这些学生愿意迎难而上,解决机器学习中最为棘手的问题。

对于此书的中文读者,我相信这本书对您会有所帮助,不久后我们将有机会进一步讨论这些议题。

马科斯·M. 洛佩斯·德普拉多

目　录

中文版序

1_ 引　言 ... 001
1.1 动机 ... 002
1.2 理论很重要 ... 005
1.3 如何科学地运用机器学习 ... 009
1.4 过拟合的两种类型 ... 012
1.5 提纲 ... 016
1.6 受众 ... 019
1.7 关于金融机器学习的五个常见误解 ... 020
1.8 金融研究的未来 ... 024
1.9 常见问题 ... 026
1.10 结论 ... 037
1.11 习题 ... 038

2_ 降噪和降调 ... 039
2.1 动机 ... 040
2.2 Marcenko-Pastur 定理 ... 041
2.3 带信号的随机矩阵 ... 044

2.4 拟合 Marcenko-Pastur 分布 ... 045

2.5 降噪 ... 048

2.6 降调 ... 052

2.7 实验结果 ... 053

2.8 结论 ... 060

2.9 习题 ... 061

3_ 距离度量 ... 063

3.1 动机 ... 064

3.2 基于相关性的度量 ... 065

3.3 边际熵和联合熵 ... 068

3.4 条件熵 ... 070

3.5 Kullback-Leibler 散度 ... 070

3.6 交叉熵 ... 071

3.7 互信息 ... 072

3.8 差异信息 ... 074

3.9 离散化 ... 077

3.10 两个划分之间的距离 ... 080

3.11 实验结果 ... 082

3.12 结论 ... 086

3.13 习题 ... 087

4_ 最优聚类 ... 089

4.1 动机 ... 090

4.2 相似度矩阵 ... 091

4.3 聚类的类型 ... 091
4.4 类集的个数 ... 093
4.5 实验结果 ... 104
4.6 结论 ... 109
4.7 习题 ... 110

5 金融标注 ... 113
5.1 动机 ... 114
5.2 固定区间法 ... 115
5.3 三重阻碍法 ... 117
5.4 趋势扫描法 ... 118
5.5 元标注 ... 121
5.6 实验结果 ... 125
5.7 结论 ... 127
5.8 习题 ... 128

6 特征重要性分析 ... 131
6.1 动机 ... 132
6.2 p 值 ... 134
6.3 变量重要性 ... 139
6.4 概率加权准确度 ... 148
6.5 替代效应 ... 149
6.6 实验结果 ... 156
6.7 结论 ... 160
6.8 习题 ... 161

7 组合构建 ... 163
- 7.1 动机 ... 164
- 7.2 凸组合优化 ... 165
- 7.3 条件数 ... 167
- 7.4 Markowitz 的诅咒 ... 170
- 7.5 信号作为协方差不稳定性的来源 ... 171
- 7.6 嵌套聚类优化算法 ... 174
- 7.7 实验结果 ... 178
- 7.8 结论 ... 183
- 7.9 习题 ... 184

8 测试集过拟合 ... 187
- 8.1 动机 ... 188
- 8.2 查准率和召回率 ... 189
- 8.3 重复测试下的查准率和召回率 ... 191
- 8.4 夏普比率 ... 192
- 8.5 错误策略定理 ... 194
- 8.6 实验结果 ... 195
- 8.7 收缩夏普比率 ... 202
- 8.8 家族错误率 ... 206
- 8.9 结论 ... 216
- 8.10 习题 ... 217

附录 A 合成数据测试 ... 219
附录 B 错误策略定理的证明 ... 223
参考书目 ... 225
参考文献 ... 233

引 言

1.1 动机

与其他数学学科相比,统计学在更大程度上是时代的产物。假如弗朗西斯·高尔顿(Francis Galton)、卡尔·皮尔逊(Karl Pearson)、罗纳德·费舍尔(Ronald Fisher)和耶日·内曼(Jerzy Neyman)这些统计学开创者能有机会使用计算机,他们可能会创造出一个完全不同的领域。经典统计学依赖于简单的假设(如线性、独立性)、样本内分析、解析解的渐近特性,部分原因是其创始者们当时只能接触有限的计算能力。如今,即使交叉验证、集成估计器、正则化、自助抽样和蒙特卡洛等计算方法能提供明显更好的解决方案,大学课程和专业认证教育项目中仍在教授经典统计理论中的传统方法。引用 Efron 和 Hastie(2016,53)的话,就是:

一个词可解释传统上偏好参数模型的原因：数学易处理性（mathematicaltractability）。在一个只有滑尺和慢机械算术的世界里，数学公式必然会成为首选的计算工具。如今，我们新的计算丰富的环境已经解除了这一数学瓶颈，为我们提供了更真实、更灵活、更深远的统计技术体系。

此外，金融问题对这些传统方法提出了特殊的挑战，因为经济系统的复杂程度远超出经典统计工具的能力范围（López de Prado，2019b）。作为这些挑战的后果之一，机器学习（machine learning，ML）在金融中发挥着日益重要的作用。仅仅在几年前，机器学习在短期价格预测、交易执行和信用评级之外的应用还很少见。如今，已经很难找到一个不以某种形式实施机器学习的用例。更庞大的数据集、更强大的计算能力以及更高效的算法，将合力开启金融领域机器学习的黄金时代，这已成为势不可挡的趋势。这场机器学习革命为有活力的资产管理公司创造了机遇，也给守旧的资产管理者带来了挑战。抗拒这场革命的公司极可能会重复柯达胶卷的命运——最终消失。本书的动机之一是，针对资产管理这个领域，展示如何利用现代统计工具处理经典技术中的许多缺陷。

大多数机器学习算法最初是针对横截面数据集而设计的。这限制了它们在金融问题中的直接可用性，因为在金融问题中对数据集的时间序列性质进行建模分析至关重要。在作者的上一本书《金融机器学习进展》(Advances in Financial Machine Learning，AFML；López de Prado，2018a)中，从一个学者及实践者的角度，探讨了如何利用机器学习算法来应对这个挑战，即对金融数据集的时间序列性质进行建模。

  本书致力于应对另一个不同的挑战：我们如何利用机器学习来建立更好的金融理论？这不是一个哲学问题或修辞问题。无论您渴望在金融领域获得何种优势，只有在别人犯了系统性错误，而您能从中获益时，这种优势才是合理的㊀。然而，如果没有一个可检验的理论来解释您的优势，很可能实际上您根本就没有优势。对投资策略表现的历史模拟（回测）不是一种理论；这仅仅是（很可能是不现实的）对从未发生过的过去的模拟（多年前您没有部署这种战略，所以您要回测它！）。只有理论才能确定明确的因果机制，让您在与众人的博弈中脱颖而出——一个可检验的理论，既能解释事实证据，又能解释反事实案例（x 意味着 y，而没有 y 意味着没有 x）。资产管理者应该把精力集中在研究理论上，而不是回测交易规则。机器学习是构建金融理论的强大工具，本书的主要目标是向您介绍工作中所需的基本技术。

㊀ 在因子投资的情况下也是如此，在这种情况下，系统性错误可以用行为偏差、不匹配的投资期限、风险承受能力、监管约束和其他影响投资者决策的变量来解释。

1.2 理论很重要

"黑天鹅"通常被定义为一个以前从没有被观察到的极端事件。曾经有人告诉我：量化投资策略根本无用。我疑惑不解，问他为什么。他回答说："因为未来充满了黑天鹅事件，而且历史数据集根据其定义就不可能包含从未见过的事件，因此无法训练机器学习算法来预测它们。"我反驳道，在很多情况下，"黑天鹅"已经被预测到了。

请允许我用一段真实的故事来解释这个明显的悖论。早在 2010 年，我是美国一家大型对冲基金的高频期货主管。那年的 5 月 6 日，我们像往常一样运行着流动性供应算法（liquidity provision algorithm），但到了美国东部时间 12:30 左右，其中很多系统开始自动平仓。当时，我们没有对这些系统进行任何干预，因此几分钟之内，我们的市场敞口就变得非常小。在我们的运行记录中，这种系统行为以前从未发生过。正当我和团队成员对其进行细致分析，希望弄清是什么原因导致了系统的自动关闭时，在美国东部时间 14:30 左右，我们看到标准普尔 500（S&P 500）指数在几分钟内暴跌，相对开盘时几乎下跌了 10%。此后不久，我们的各个交易系统开始大力买入，直到收盘时，市场反弹了 5%，我们也随之获利。媒体称此次黑天鹅事件为"闪电崩盘"或"闪崩"。这一事件让我们两次感到惊讶：其一，我们无法理解，系统是如何预测到一个连我们这些开发者都没有预料到的事件；其二，我们无法理解，为什么系统在市场见底后不久就开始买入。

大约五个月后，官方调查发现，此次崩盘可能是由一份以高参与率抛售7.5万份E-mini标准普尔500期货合约的订单造成的（CFTC，2010）。这一巨额订单导致了订单流的持续失衡，使得做市商（market maker）很难在不造成损失的情况下维持正常操作。这种有毒的订单流触发了诸多做市商的止损界限，他们不再提供流动性。做市商变成了激进的流动性攫取者，在没有人继续参与竞价的情况下，市场不可避免地崩溃了（Easley等，2011）。

我们不可能通过观看CNBC或阅读《华尔街日报》来预测闪崩。在大多数观察者看来，股市闪崩确实是一个不可预知的黑天鹅事件。然而，造成闪崩的基本原因是很常见的。订单流几乎从来不是完美平衡的。事实上，订单流失衡是常态，并且有不同程度的持续性（例如，用序列相关性来衡量）。我们的交易系统已经被训练成可以在订单流失衡的极端条件下减少仓位。如此一来，我们的系统便可以规避那些导致黑天鹅事件的市场情况。市场崩盘之后，我们的系统认识到以10%的折扣买入的机会可以抵消之前极端订单流失衡造成的担忧，因此它们在收盘前一直持有多头仓位。这次经历印证了本书中的两个重要教训。

1.2.1　第一课:您需要理论

与大众的看法相反,回测并不是一个研究工具。回测永远不能证明一个策略是真阳性的,它们可能只是提供了一个策略是假阳性的证据。所以,永远不要仅仅通过回测来制定策略。策略必须有理论来支持,而不是靠历史模拟。您的理论必须具有足够的普适性,可以解释包括黑天鹅事件在内的诸多特殊情况。在观测到第一个黑洞的 50 多年之前,广义相对论就已经预言了黑洞的存在。在上述故事中,我们的市场微观结构理论(后来被称为 VPIN 理论,见 Easley 等人,2011b)帮助我们成功地预测了"黑天鹅"并且从中受益。不仅如此,我们的理论工作还为市场的反弹做出了贡献(同事们曾经开玩笑说,我们帮着把"闪电"放进了"闪电崩盘"中)。本书包含了一些您所需要的工具,以此来探索您自己的理论。

1.2.2　第二课:机器学习可辅助发现理论

可以考虑通过以下过程来发现新的金融理论。第一,应用机器学习工具来发掘复杂现象中的隐藏变量。这些变量是一套理论做出成功预测所必须包含的成分。机器学习工具已经确定了这些成分,但是,它们并不能直接告诉您将这些成分结合在一起的确切方程。第二,我们构建一个理论,通过结构性陈述将这些成分联系起来。这个结构性陈述本质上是一个方程系统，它假设了一个特定的因果机制。第三，该理论具有广泛的可检验的意义，超越了第一步中的机器学习工具所预测的观察结果㊀。一个成功的理论将预测到样本外的事件。此外，它不仅能正向解释（x 导致 y），还能负向解释（y 的缺失是由于 x 的缺失）。

在上述发现过程中，机器学习发挥了关键作用，即将对变量（variables）的搜索与对规范（specification）的搜索做了分离解耦。经济学理论常常因为基于"具有未知真值的事实"（Romer，2016）和"普遍虚假"的假设（Solow，2010）而被批评。考虑到现代金融体系的复杂性，研究人员不太可能仅通过对数据的直接观察或一些回归拟合来揭示数据中蕴含的理论。经典的统计方法不允许这两种搜索的解耦。㊁

理论一旦经过验证，它就站得住脚了。这样一来，就是

㊀ 我们可以用比回测更强大的工具对理论进行检验。例如，可以调查哪些做市商在闪崩中亏损。他们是否监测订单流失衡？监测订单流失衡的做市商表现更好吗？我们可以在当天的 FIX 消息中找到他们早先撤退的证据吗？交易规则的历史模拟不能给我们这种洞察力。

㊁ 我们并不完全同意作者此处的阐述，例如他讲的例子，机器学习的确可以"发现"该理论：在闪崩前清仓，在闪崩后获利，但是其他传统统计方法一样可以发现失衡造成流动性衰竭等"理论"。在闪崩那天赚钱，对于诸多高频交易者来说并不稀奇。总之，这个例子的说服力并不强。——译者注

理论本身而不是机器学习算法在做出预测。正如在上面的故事中，真正清除仓位的是理论，而不是自主的机器学习算法产生的在线预测。这个预测在理论上是正确的，并不是基于某种不确定的模式。诚然，如果没有机器学习技术的帮助，该理论确实不可能被发现，但一旦发现了该理论，机器学习算法在闪电崩盘前两小时的平仓决定中并没有起到任何作用。机器学习在金融领域中最有价值的用途是发现理论。您的确可以成功地使用机器学习进行金融预测，但是，这不一定是这项技术的最佳科学用途（特别是如果您的目标是开发大容量的投资策略）。

1.3 如何科学地运用机器学习

在对模型规范几乎没有人工指导的情况下，机器学习算法能够学习到高维空间中的复杂模式。机器学习模型不需要研究人员进行干预，这让很多人错误地认为机器学习一定是一个黑匣子。在这种观点中，机器学习仅仅是一个"神谕（oracle）"[一]，是一个预测机器，无法从中提取出任何理论性解释。这对机器学习是一种误解，这种误解是由机器学习在

[一] 在这里，我们使用了在复杂性理论中对"神谕"的通用定义：一个黑匣子，它能够为给定计算问题的任何实例提供解决方案。

工业界的广泛应用造成的,因为在这些应用中,对最佳预测结果的追求超过了对理论理解的需求。通过对最近科学研究突破的回顾,我们可以发现机器学习在科学研究中完全不同的应用,包括以下几个方面:

1. **存在性**。机器学习已经应用于所有科学领域,用来评估一个理论的可信度,其中某些领域甚至超越了实证科学的范畴。值得注意的是,机器学习算法帮助了数学上的发现。虽然机器学习算法不能证明一个定理,但它们可以指出一个未被发现的定理的存在性,然后数学家可以猜想并最终证明。换句话说,如果某件事情可以被预测,那么就有希望发现一个定理(Gryak 等人,即将发表)。

2. **重要性**。机器学习算法可以确定解释变量(在机器学习领域称为"特征")的相对信息含量,以达到解释和/或预测的目的(Liu,2004)。例如,平均准确度减少(the mean-decrease accuracy,MDA)方法有以下几个步骤:①在特定数据集上拟合一个机器学习算法;②得出样本外交叉验证的准确度;③在对单个特征或某些特征组合的时间序列进行重组后,重复步骤②;④计算②和③之间准确度的衰减。对一个重要特征的时间序列进行重组会导致准确度的显著衰减。因此,尽管 MDA 并没有揭示基本的定理,但它发现了理论中的变量。

3. **因果推理**。机器学习算法经常被用来评估因果推理效果，具体步骤如下：①在一种因素缺失的情况下，利用历史数据拟合一个机器学习算法来预测结果。这种模型是非理论性的，它纯粹由数据驱动（类似于神谕）；②收集当这种因素存在的情况下的观测结果；③利用①中拟合出来的机器学习算法对②中收集的观测进行预测。预测误差很大程度上可以归因于这种因素，因此，我们可以提出有关此因素因果关系的理论（Varian，2014；Athey，2015）。

4. **还原主义**。机器学习技术对于大型、高维、复杂数据集的可视化至关重要。例如，流形学习算法可以将大量的观测结果聚类到一个个降维的子集中，然后可以分析这些子集间的不同属性（Schlecht 等，2008）。

5. **检索器**。机器学习可用于扫描大数据，寻找人类无法识别的模式。例如，机器学习算法可以根据每晚接收到的数百万张星空图像寻找超新星。一旦它们找到一张极有可能包含超新星的图像，研究者便可以将昂贵的望远镜指向宇宙中的这个特定区域，对这些数据进行仔细检查（Lochner 等，2016）。第二个例子是离群值（outlier）检测。寻找离群值是一个预测问题，而不是一个解释问题。机器学习算法可以根据它在数据中发现的复杂结构来检测出异常观测结果,即使这种结构无法被我们解释(Hodge 和 Austin,2004)。

机器学习不是要取代某种理论,而是旨在帮助科学家根据丰富的经验证据形成理论,且在这方面发挥着关键作用。同样,机器学习为经济学家提供了这样一个机会,即应用强大的数据科学工具来构建合理的理论。

1.4 过拟合的两种类型

机器学习灵活性的劣势是,在没有经验的人手中,这些算法很容易在数据上过拟合。过拟合主要表现为模型的样本内和样本外性能的差异(称为泛化误差)。过拟合分为两种类型:训练集的过拟合和测试集的过拟合。图1-1总结了机器学习如何处理这两种类型的过拟合。

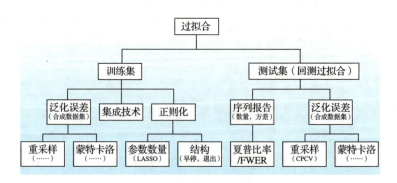

图1-1 两种过拟合的解决方案

1.4.1 训练集过拟合

训练集的过拟合是由于选择了一个非常灵活的标准而导致的，该标准不仅解释了信号，而且解释了噪声。将信号与噪声混淆导致的问题是，根据定义，噪声是不可预测的。过拟合的模型会以不合理的置信度产生错误的预测，这随之又会导致样本外（甚至是伪样本外，如在回测中）的预测性能变差。

机器学习研究人员敏锐地意识到了这个问题，他们以三种互补的方式解决此问题。纠正训练集过拟合的第一种方法是，通过重采样技术（如交叉验证）和蒙特卡洛（Monte Carlo）方法来评估泛化误差。本书附录 A 更详细地介绍了这些技术和方法。第二种方法是正则化方法，这种方法可以限制模型的复杂性，除非能证明更复杂的模型可以带来更大的解释力。模型的简洁性可以通过限制参数数量（如 LASSO）或限制模型的结构（如早停法，early stopping）来实现。第三种解决训练集过拟合的方法是集成技术，它通过综合一系列预测器的预测来减少误差的方差。例如，我们至少可以通过以下三种方式来控制随机森林方法在训练集的过拟合：①交叉验证；②限制每棵树的深度；③增加树的数量。

综上所述，回测可能会导致过拟合发生，不过，我们可以用上述方法进行补救。但不幸的是，回测对第二种类型的过拟合是无能为力的，这一点将在下文中解释。

1.4.2 测试集过拟合

想象一下，您有位朋友自称有一种技术，可以预测下一次彩票中奖的号码。他的技术并不准确，所以他必须多买几张彩票。当然，如果他把所有的彩票都买了，那么他能中奖也就不足为奇了。您会让他买多少张彩票，才能判断他的方法是否有用呢？要评估他的技术准确度，您应该考虑他买了多张彩票的事实。同样地，研究者在同一数据集上进行多个统计测试更有可能得到错误的发现。而当研究者在同一数据集上不断重复同一个测试，则保证他最终会得到一个错误的发现。这种选择偏差来自于让模型在测试集上表现良好，而不是训练集。

另一个测试集过拟合的例子是研究人员对一个策略进行回测，并对其进行调整，直到输出达到目标性能为止。这种回测—调整—再回测—再调整的循环是徒劳无功的，最终必然会以过拟合（假阳性）而告终。相反，研究者应该花时间去探究误导他做出回测错误策略的研究过程。换句话说，一个表现不佳的回测是一次修正研究过程的机会，而不是一次修正特定投资策略的机会。

由于测试集过拟合，大多数已发表的金融学发现可能都是错误的。机器学习并没有造成当前金融研究的危机（Harvey 等，2016）。这场危机是由于金融领域对经典统计方法的普遍滥用（特别是 p 值操纵，p-hacking）造成的。机器学习可以从三个方面来帮助处理测试集过拟合问题：第一，我们可以跟踪一个研究者进行了多少次独立测试，以评估至少有一个结果是错误发现的概率（称为家族错误率，或 familywise error rate，FWER）。收缩夏普比率（Bailey 和 López de Prado，2014）在回测中使用了类似的方法，第 8 章中会详细解释。它相当于控制了您那位朋友买彩票的数量。第二，虽然一个模型很可能在一个测试集上过拟合，但在数千个测试集上全都过拟合是很难的。可以通过把训练集和测试集拆分、组合并重复采样来生成这数以千计的测试集。这种方法就是组合净化交叉验证方法，即 CPCV（AFML，第 12 章）。第三，我们可以使用历史序列来评估底层数据生成过程，并抽样合成数据集，这些数据集应与历史序列上的统计特性相匹配。蒙特卡洛方法在这方面的能力非常强，可以产生与历史序列的统计属性相匹配的合成数据集。这些测试得出的结论，是建立在估计的数据生成过程的代表性的基础上的（AFML，第 13 章）。这种方法的主要优点是，这些结论与数据生成过程的某个特定的（观察到的）实现无关，而是与整个随机实现的分布有关。根据之前的例子，相当于复制彩票游戏并重复多次，这样我们就可以排除运气因素。

综上所述，对于训练集和测试集的过拟合问题，有多种实用的解决方案。这些解决方案既不是万无一失，也不是不相容的，我的建议是，您可以全部使用。同时，我坚持认为任何回测都不能取代理论，至少有如下两个原因：①回测不能模拟"黑天鹅"——只有理论才具备考虑到从未出现过的情况所需的广度和深度；②回测可能暗示某个策略可以盈利，但没有告诉我们其中的原因。它们不是一个受控制的实验。只有理论才能说明因果机制，并形成广泛的预测和暗示，可以独立地检验事实和反证。其中有些含义甚至可以在投资领域之外进行检验。例如，VPIN 理论预测做市商在持续的订单流失衡下会遭遇止损。除了检测订单流失衡是否会导致流动性减少，研究人员还可以检测做市商是否在股价暴跌期间遭受损失（提示：他们确实遭受了损失）。后一种检测可以通过审查财务报表的形式进行，而无须依赖于交易所价格和报价记录中的证据。

1.5 提纲

本书为资产管理者提供了利用机器学习逐步建立金融理论的指导方法。为了实现这一目标，每一章都将使用我们在前面几章所学的知识。每一章（本引言除外）都包含了一个实证分析，其中所解释的方法在蒙特卡洛实验中得到了检验。

1 引言

建立理论的第一步是收集数据，说明一些变量之间的关系。在金融问题中，这些数据通常采用协方差矩阵的形式。我们使用协方差矩阵来进行回归、优化投资组合、管理风险、寻求关联等。然而，众所周知，金融协方差矩阵包含非常大的噪声，它们所包含的信息中，只有相对较小的一部分是信号，而信号是被套利力量系统性地抑制住的。第 2 章解释了如何在不放弃其包含的少量信号的情况下，对协方差矩阵进行降噪。大部分讨论都围绕着随机矩阵理论展开，但其解决方案的核心是一种机器学习技术：核密度估计。

许多研究都涉及相似性或距离的概念。例如，我们可能对了解两个变量之间的相关程度感兴趣。降噪了的协方差矩阵对于从线性关系中推导出距离度量是非常有用的，而对非线性关系的建模则需要更高级的概念。第 3 章提供了一个信息理论框架，用于从噪声数据中提取复杂信号。特别是，此理论框架使我们可以只基于对表征度量空间的基础变量做最少量的假设，就能够定义距离度量。这些距离度量可以被认为是对相关概念的非线性泛化。

距离矩阵的应用之一是研究某些变量之间的关系是否比其他变量更密切，从而形成聚类。聚类在各个领域都有广泛的应用，如资产类别分类、投资组合构建、降维或智能体网络建模等。聚类中的一个普遍问题是确定类集的最优数量。第 4 章介绍了 ONC 算法，它提供了一个通用的解决方案，这个算法的各种用例将贯穿于本书始终。

聚类是一种无监督学习。在深入研究监督学习之前，我们需要学习标注金融数据的方法。监督机器学习算法的有效性在很大程度上取决于我们试图解决的问题的类型。例如，预测明天的标普 500 指数的回报率可能比预测其下一个 5%的走势更困难。不同的特征适合于不同的标签类型。研究人员应该仔细考虑用什么样的方法标注自己的数据。第 5 章讨论了各种方法的优点。

《金融机器学习进展》一书提醒读者，回测并不是一种研究工具，特征的重要性才是。回测不能帮助我们形成经济或金融理论。为此，我们需要更深入地了解一个现象中涉及哪些变量。第 6 章研究了评估解释变量重要性的机器学习工具，并解释了这些工具如何克服经典方法中的许多缺陷，如 p 值等。特别值得关注的是如何克服 p 值在多重共线性下缺乏稳健性的问题。为了解决这个问题，我们必须应用在前面所有章节中所学到的知识，包括降噪（第 2 章）、距离度量（第 3 章）、聚类（第 4 章）和标注（第 5 章）。

一旦您拥有金融理论，就可以用理论发现来制定投资策略。设计该策略需要在不确定性下做出一些投资决策。为此，均值方差投资组合优化方法被普遍采用，尽管众所周知它们具有不稳定性。从历史上来看，这种不稳定性的解决方法有很多，如引入强约束、添加先验、缩减协方差矩阵以及其他稳健的优化技术。许多资产管理者都熟悉协方差矩阵中的噪声所造成的不稳定性，但很少有资产管理者意识到某些数据结构（信号类型）也是造成均值—方差解不稳定的因素。第7章解释了为什么信号会成为不稳定性的来源，以及机器学习方法如何帮助矫正这种不稳定性。

最后，如果一本金融机器学习书籍没有详细介绍过拟合，尤其是如何评估由于测试集的过拟合而导致错误的发现这一事件的概率，那么这本书将是不完整的。第8章解释了回测中过拟合的危险性，并提供了几种解决多重测试下选择偏差问题的实际解决方案。

1.6 受众

如果您和大多数资产管理者一样，经常计算协方差矩阵，使用相关性，搜索高维空间的低维表示形式，建立预测模型，计算 p 值，求解均值—方差优化，或者在给定数据集上多次应用相同的测试，那么您需要阅读本书。在本书中，您将了解到，金融协方差矩阵具有很大的噪声，在运行回归或计算最优投资组合之前，需要对其进行清理（第2章）。您还会了解到，相关性只能度量非常狭义的依赖性定义，而各种信息理论的度量指标更有洞察力（第3章）。您将学习到空间降维的直观方法，这些方法不涉及基底的改变。与 PCA 不同，基于机器学习的降维方法提供了直观的结果（第4章）。您还将学习到金融预测问题的其他表示方法，在这种表示方法下可以获得更高的预测准确度，而不是以不可信的固定时长的预测为目标（第5章）；学习经典 p 值的现代替代方法（第6章）；学习如何解决困扰均值—方差投资组合的不稳定问题（第7章）；学习如何评估您在多次测试下的发现是错误的概率（第8章）。如果您在资产管理行业或金融界工作，那么本书就是为您而撰写的。

1.7 关于金融机器学习的五个常见误解

金融机器学习是一种新技术。正如诸多新技术一样，它引起了很多人的误解。以下是最常见的一些误解。

1.7.1 机器学习是圣杯和机器学习是无用的

围绕着机器学习的炒作和反炒作的文献数量违反了其发展逻辑。炒作一方制造了一系列的预期，这些预期在可预见的未来可能无法实现。而反炒作一方则试图让其受众相信，机器学习并没有什么特别之处，经典的统计学方法已经产生了机器学习爱好者所宣称的结果。

机器学习的批评者有时认为"线性回归中的注意事项 X 并不是什么大不了的事"，这里的 X 可能意味着模型的误选、多重共线性、回归因子缺失、非线性交互因素等。在现实中，任何违反经典假设的行为都会导致接受无信息的变量（假阳性）和/或拒绝有信息的变量（假阴性）。实例见第 6 章。

另一个常见的错误是认为中心极限定理可以为线性回归模型的随处使用提供依据。这个论点是这样的：只要有足够多的观测数据，数据就会呈现正态性，线性模型可以提供一个很好的渐近相关结构。这种"中心极限定理最后一搏（Hail Mary pass）"是未毕业的本科生的幻想：是的，样本均值在分布上收敛到高斯分布，但不是样本本身！这种收敛只有在观测值是独立同分布的情况下才会发生。只需要几行代码就能证明，无论我们给它提供几千个或几十亿个观测值，一个错误的回归都会表现得很差。

这两个极端（炒作和反炒作）都阻碍了投资者认识机器学习今天所提供的真实和独特的价值。机器学习是现代统计学，它克服了几十年来困扰资产管理者的许多经典技术的缺陷。参见 López de Prado（2019c），可以了解关于机器学习目前在金融领域中应用的多个例子。

1.7.2 机器学习是一个黑匣子

这也许是围绕机器学习最广为流传的谬论。世界上每个研究实验室都在一定程度上使用机器学习，所以显然机器学习与科学方法是兼容的。机器学习不仅不是黑匣子，而且正如第 6 章所解释的，基于机器学习的研究工具可以比传统的统计方法（包括计量经济学）更有洞察力。机器学习模型可以通过许多方法来解释，如部分相依图（PDP）、个体条件期望图（ICE）、积累局部效应（ALE）、Friedman 的 H-stat、平均不纯度减少（MDI）、平均准确度减少（MDA）、全局代理、局部可理解的与模型无关的解释法（LIME）、Shapley 值等。关于机器学习可解释性的详细阐述可参见 Molnar（2019）。

至于把机器学习作为黑匣子还是白匣子来应用，那是个人选择的问题。其他很多技术也是如此。我个人并不太关心我的车是如何工作的，必须承认，我从来没有掀开引擎盖看一眼发动机（我的兴趣点是数学，不是机械）。因此，车在我眼里仍然是个黑匣子。我不会因为自己缺乏好奇心而责怪设计汽车的工程师，我也知道，在汽车修理厂工作的机械师把我的车看成一个白匣子。同样，关于机器学习是黑匣子的论断，揭示了一些人是如何选择应用机器学习的，这并不是一个普遍的真理。

1.7.3　金融数据不足以应用机器学习

的确，有一些机器学习算法，尤其是在价格预测方面，需要大量的数据。这就是为什么研究人员必须为特定工作选择合适算法的原因。另一方面，持有这种论点的机器学习批评者似乎忽略了，许多机器学习在金融领域的应用根本不需要任何历史数据。这方面的例子包括风险分析、投资组合构建、离群值检测、特征重要性和投注大小选择。本书中的每一章都展示了机器学习的数学特性，而不依赖任何历史序列数据。例如，第7章通过蒙特卡洛实验评估了基于机器学习的投资组合构建算法的准确性。从数以百万次的蒙特卡洛模拟中得出的结论，告诉我们一些关于特定方法的一般数学特性。仅从少数历史模拟中得到的传闻证据，是无法与对各种场景的评估相提并论的。

其他的金融机器学习应用，如情绪分析、深度对冲、信用评级、交易执行和私人商业数据集等，都拥有丰富的数据。最后，在某些场景下，研究人员可以进行随机对照实验，可以生成自己的数据并建立精确的因果机制。例如，我们可以重写一篇新闻文章，在控制各种变化的情况下，将机器学习提取的情绪与人类的结论进行比较。同样，我们也可以在可对比的条件下试验市场对某一交易执行替代算法的反应。

1.7.4　金融业的信噪比过低

毫无疑问，与机器学习的其他应用相比，金融数据集表现出更低的信噪比（这一点我们将在第2章中论证）。由于在金融业中信噪比如此之低，仅凭数据是无法依靠黑匣子来做预测的。这并不意味着在金融业中不能使用机器学习，相反，我们必须以不同的方式使用机器学习，因此才有了金融机器学习作为一个独立的研究主题的概念。金融机器学习并非仅仅将标准机器学习应用于金融数据集。金融机器学习包括专门为解决金融研究人员所面临的特殊挑战而设计的机器学习技术，就像计量经济学不只是将标准统计技术应用于经济数据集一样。

金融机器学习的目标应该是帮助研究人员发现新的经济理论。所发现的理论，而不是机器学习算法，将产生预测。这与科学家们利用机器学习在所有研究领域中的应用并无不同。

1.7.5　金融业的过拟合风险太大

1.4节已经驳斥了这个谬论。在技艺超群的人手中，机器学习算法比传统的方法更不容易过拟合。然而，我承认，在非专业人员的手中，机器学习算法可能会造成更大的伤害。

1.8　金融研究的未来

国际数据公司估计，80%的可用数据都是非结构化的（IDC，2014）。研究人员可以使用的许多新的数据集都是高维、稀疏或非数值化的。由于这些新数据集的复杂性，研究人员使用回归模型和其他线性代数或几何方法能够学习到的内容是有限的。即使是较早的数据集，传统的量化技术也可能无法捕捉到变量之间潜在的复杂（如非线性和交互式）关联，而且这些技术对普遍存在于金融数据集中的多重共线性问题极为敏感（López de Prado，2019b）。

经济学和金融学可以从机器学习方法中获益良多。截至 2018 年 11 月 26 日，Web of Science ⊖列出了 13772 篇关于"经济学"和"统计与概率"交叉主题的期刊论文。在这些出版物中，只有 89 篇文章（0.65%）包含以下任何一个术语：分类器、聚类、神经网络或机器学习。对比一下，在"生物学"和"统计与概率"交叉的 40283 篇论文中，共有 4049 篇（10.05%）包含这些术语，而在"化学、分析"和"统计与概率"交叉的 4994 篇论文中，共有 766 篇（15.34%）包含这些术语。

计量经济学标准早在数字计算之前就已经出现了。大多数计量经济学模型都是为手工估算而设计的，是其时代的产物。用 Robert Tibshirani 的话来说，"人们使用特定的方法，因为这就是一切的开始，这就是他们所习惯的。要改变它是很难的。"⊜21 世纪的学生不应该过度接触传统技术。此外，历史上最成功的量化投资基金主要依靠的是机器学习，而不

⊖ www.webofknowledge.com。

⊜ https://qz.com/1206229/this-is-the-best-book-for-learning-modern-statistics-its-free/。

是计量经济学。目前研究生课程中的计量经济学占主导地位，这是在为学生们的学术生涯做准备，而不是为在业界工作做准备。

这并不意味着计量经济学已经失去了它的实用性。如果研究工作者被要求在计量经济学和机器学习之间做出决定，这本身就是一个错误的选择题。机器学习和计量经济学是相辅相成的，它们具有不同的优势。例如，机器学习特别有助于向研究者建议理论的组成部分（见第 6 章），而计量经济学在检验一个有很好的实证观察基础的理论方面也很有用。事实上，有时我们可能希望同时应用这两种方式，比如在半参数方法中。例如，回归可以将可观察的可解释变量与机器学习算法贡献的控制变量结合在一起（Mullainathan 和 Spiess，2017）。这样的方法可以处理与省略的回归变量相关的偏差（Clarke，2005）。

1.9 常见问题

在过去几年中，研讨会的与会者向我提出了各种各样有趣的问题。在这一章中，我试图对一些最常见的问题提供简短的回答。我还增加了几个问题，希望有一天有人会问我。

简单来说，什么是机器学习？

广义上讲，机器学习指的是在没有特定指导的情况下，学习高维空间中复杂模式的一组算法。让我们把这个定义分成三个部分。第一，机器学习不需要特定的指导即可学习，因为研究人员对数据结构的要求很少。相反，该算法从数据中得出结构。第二，机器学习学习复杂的模式，因为算法识别的结构可能无法表示为有限的方程组。第三，机器学习在高维空间中学习，因为得到的解往往涉及大量的变量以及它们之间的相互作用。

例如，我们可以通过向机器学习算法输入实例训练它来做人脸识别。我们并不定义人脸是什么，因此算法在没有指导的情况下进行学习。这个问题从来没有用方程来提出，事实上，这个问题可能无法用方程来表达，而且算法需要使用大量的变量来完成这个任务，包括各个像素和像素之间的交互作用。

近年来，机器学习已经成为一个越来越有用的研究工具，贯穿于各个领域的科学研究中，例如药物开发、基因组研究、新材料和高能物理学等。消费品和工业服务迅速融入这些技术，世界上一些最有价值的公司也生产出了基于机器学习的产品和服务。

机器学习与计量经济学回归有何不同？

研究人员使用传统的回归方法将预设的函数形式拟合到一组变量中。当我们对这个函数的形式以及将变量绑定在一起的所有交互作用高度确信时，回归是非常有用的。早在18世纪，数学家们就开发出了一些工具，这些工具可以使用具有理想属性的估计量来拟合这些函数形式，但要受限于对数据的某些假设。

从20世纪50年代开始，研究人员意识到，在计算机辅助下，诞生了一种不同的方法来进行实证分析。他们不再强加一个函数形式，特别当这种形式事先未知的时候，他们将允许算法从数据中找出变量的依赖性。同样的，不对数据做过强的假设，该算法会进行实验来评估样本外预测的数学特性。这种在函数形式和数据假设方面的放宽，再加上强大的计算机的使用，为分析复杂的数据集（包括高度非线性、分层和非连续的交互作用）打开了大门。

看看下面的例子：研究人员希望根据一些变量，如性别、船票等级和年龄，估计泰坦尼克号上的乘客的生存概率。一个典型的回归方法是，对一个二分变量，其中1表示生还，0表示死亡，通过逻辑建模，用性别、船票等级和年龄作为回归变量。事实证明，尽管这些回归变量是正确的，逻辑（或概率）模型也无法做出良好的预测。原因在于，逻辑模型没有认识到这个数据集嵌入的一个分层（树状）结构，这个结构中还具有复杂的相互作用。例如，二等舱成年男性的死亡率要比独立考虑的其他人的死亡率都高得多。相比之下，一个简单的"分类树"算法的性能显著好得多，因为我们允许算法划分层次结构（和相关的复杂交互作用）。

事实证明，分层结构在经济学和金融学中无处不在（Simon 1962）。想想行业分类、信用评级、资产类别、经济联系、贸易网络、区域经济集群等。当面对这类问题时，机器学习工具可以补充和克服计量经济学或类似传统统计方法的局限性。

机器学习与大数据有什么区别？

大数据一词指的是数据集非常庞大和/或复杂，以至于传统的统计技术无法提取其中包含的信息并对其建模。据估计，所有记录的数据中有90%都是在过去两年中产生的，而80%的数据是非结构化的（即无法直接使用传统统计技术）。

近年来，经济数据的数量和颗粒细度都有了很大的提升。好的一方面是，行政、私营部门和微观层面的数据集的突然暴增，为人们提供了对经济内部运行情况无与伦比的洞察力。不好的一方面是，这些数据集给经济学研究带来了多重挑战。①一些最有趣的数据集是非结构化的。它们也可以是非数字的、非分类的，比如新闻文章、语音记录或卫星图像等。②这些数据集都是高维数据（如信用卡交易），涉及的变量数量往往大大超过了观测记录的数量，这使得运用线性代数求解非常困难。③许多这样的数据集是非常稀疏的。例如，样本中可能包含了大量的零，相关性等标准概念并不能很好地解决这些问题。④在这些数据集中嵌入了关于智能体网络、激励机制和群体的集合行为的关键信息。机器学习技术是为分析大数据而设计的,这也是它们经常被一起引用的原因。

资产管理行业如何运用机器学习?

也许机器学习在资产管理中最受欢迎的应用是价格预测。但同样重要的应用还有很多,如对冲、投资组合构建、检测离群值和结构性断裂、信用评级、情绪分析、做市、投注规模、证券分类等。这些都是在现实生活中的应用,它们超越了通常与价格预测的期望有关的炒作。

例如,因子投资基金使用机器学习来重新定义价值⊖。几年前,市盈率可能提供了一个很好的价值排名,但现在的情况已经不是这样了。如今,价值的概念更加细致入微。现代资产管理公司使用机器学习来识别价值的特征,以及这些特征如何与动量、质量、规模等因子相互作用。元标注(第5章)是另一个热门话题,可以帮助资产管理者判断对因子押注的规模和时间。

高频交易基金多年来一直在利用机器学习分析实时交易信息,寻找知情交易者留下的足迹。他们可以利用这些信息来进行短期价格预测,或者对订单执行的主动性或被动性进

⊖ 在此处"价值"是和后文提到的质量、动量等并列的一个因子类别。——译者注

行决策。信用评级机构也是机器学习的大力采用者，因为这些算法已经证明了它们有能力复制信用分析师给出的评级。离群值检测是另一个重要的应用，因为金融模型可能对哪怕是很少量的离群值也非常敏感。机器学习模型可以通过确定适当的仓位规模，将买入或卖出的决策留给传统或基本面模型，从而帮助提高投资业绩。

具体来说，对于量化投资者呢？

以上所有的应用，还有更多其他的，都与量化投资者有关。现在是成为一名量化投资者的好时机。数据比以往任何时候都要丰富，而计算机也终于强大到可以使机器学习被有效地利用了。以麻省理工学院的 Billion Prices 项目（Cavallo 和 Rigobon，2016）为例，我对宏观经济统计数字的实时预测感到特别兴奋。机器学习特别有助于发现直到现在仍处在隐藏状态的关系，即使在传统数据集中也是如此。例如，公司之间的经济关系可能无法通过传统的行业分类法（如 GICS[⊖]）有效描述。采用网络方法，即根据各种因素对公司进行联系，可能会更丰富、更准确地反映特定细分市场的股票或信贷市场的动态、优势和脆弱性（Cohen 和 Frazzini，2008）。

⊖ www.msci.com/gics。

机器学习可以用于投资者投资组合的方法有哪些？

投资组合构建是机器学习的一个非常有前景的领域（第7章）。几十年来，资产管理行业一直依赖于 Markowitz 有效边界理论的变化和完善来构建投资组合。众所周知，这些解决方案中许多都是在样本内最优的，但是，由于凸优化中涉及计算的不稳定性，它们在样本外的表现很差。许多经典的方法试图解决计算不稳定性的问题，但效果不一。机器学习算法已经显示出了产生稳健投资组合的潜力，在样本外表现良好，这要归功于它们能够识别传统方法所忽略的稀疏层次关系（López de Prado，2016）。

风险是什么？投资者应该注意什么？

和机器学习比较而言，金融并不是一个即插即用的学科。对金融系列的建模比汽车驾驶或人脸识别要难。原因是，金融数据中的信噪比极低，这是套利力量和非稳态系统的结果。机器学习的计算能力和功能上的灵活性确保了它总是能在数据中找到一个模式，即使该模式是一种偶然，而不是持久现象的结果。金融机器学习的"神谕"方法，即开发出的算法形成的预测，脱离了所有的经济理论，很可能会产生错误的发现。我从未听过有科学家说过"忘了理论吧，我有一个可以回答任何问题的'神谕'，所以都不要再思考了，让我们盲目地相信它得出的任何结果吧"。

投资者必须认识到，机器学习不是经济学理论的替代品，而是建立现代经济理论的有力工具，这一点很重要。我们需要机器学习来发展更好的金融理论，我们需要金融理论来避免机器学习的过拟合。如果没有这种理论与机器学习的相互作用，投资者就是把信任寄托在高科技的占星术之上。

您预计机器学习将如何影响资产管理行业在未来十年的发展？

如今，农民使用机器学习的数量是惊人的：自动驾驶的拖拉机，无人机扫描不规则的陆地区域，传感器喂牛并根据需要施用营养液，基因工程作物，卫星图像估计产量等。同样，如果十年后我们回过头来看，机器学习将是资产管理的一个重要方面。就像养殖业一样，尽管这种转型可能不会一蹴而就，但很显然，未来的发展方向只有一个。

经济数据集只会越来越大，计算机只会越来越强。大多数资产管理公司将会失败，要么是因为没有进化，要么是因为没有充分认识到"神谕"方式的危险性就贸然进入未知领域。只有少数资产管理者能够以深思熟虑和负责任的方式提升，从而取得成功。

您认为机器学习在未来十年内将如何影响金融学术界？

想象一下，如果物理学家们不得不在一个自然基本定律不断变化的宇宙中提出理论；而在这个宇宙中，论文对正在研究的现象产生影响；在那里实验几乎是不可能的；数据是昂贵的，信号是微弱的，而所研究的系统是极其复杂的……我对金融学者们在非常严峻的逆境中取得的成就感到无比敬佩。

机器学习对学术界也有很多益处。首先，机器学习提供了研究所需的功能和灵活性，可以在套利力量所造成的噪声海洋中分辨出微弱的信号。其次，机器学习允许学术界将研究过程分为两个阶段：①寻找重要的变量，而不考虑函数形式；②寻找一个能够绑定这些变量的函数形式。López de Prado（2019b）展示了即使是很小的设定误差也会误导研究者拒绝重要变量。设定搜索与变量搜索解耦的重要性，怎么强调都不为过。再次，机器学习提供了在合成数据上进行模拟的可能性。在没有实验室的情况下，这将是金融领域最接近实验的方式。我们生活在一个激动人心的时代，在金融系统的学术研究中，随着更多的金融研究者接受、拥抱机器学习，我期待着更大的突破。

金融机器学习不都是为了预测价格吗？

我从媒体上看到的最大误解之一就是，认为机器学习的主要目标（如果不是唯一的目标）是价格预测。资产定价无疑是一项非常有价值的工作，但其重要性往往被夸大了。在价格预测方面拥有优势只是在当今竞争激烈的市场上取得成功的必要条件之一，但完全不够充分。其他同样重要的领域还有（仅举几个例子）：数据处理、投资组合的构建、风险管理、结构性断裂的监控、投注规模和错误投资策略的检测等。

考虑一下世界扑克大赛上的选手们。扑克牌被重洗并随机分配，这些选手显然无法准确地预测会有什么牌发到玩家手中。然而，少数几位玩家年复一年地排在榜首。原因之一是，下注大小的选择比预测扑克牌更重要。当一个玩家拿到一手好牌时，他会评估另一个玩家也可能持有一手好牌的概率，并有策略地下注。同样地，投资者可能无法预测价格，但他们可能会识别出异常的价格，并据此下注。我不是说选择下注大小是投资成功的关键。我只是想说，下注选择至少和价格预测一样重要，而投资组合的构建可以说更加重要。

为什么不讨论广泛使用的机器学习算法？

本书的目的不是向读者介绍当今在金融业中大量使用的机器学习算法。有两个原因：首先，有许多教科书专门来系统阐述这些算法，本书几乎不需要过多说明。有很多优秀的参考文献值得学习，包括 James 等人（2013），Hastie 等人（2016），以及 Efron 和 Hastie（2016）。其次，金融数据集有其特定的小麻烦，项目的成败取决于对这些麻烦的理解。一旦我们设计好特征，并正确地提出了问题，选择算法就扮演相对次要的角色。

请允许我用一个例子来说明第二点。比较两个算法，其中一个预测变化为1但得到的实际变化是3，另一个算法预测变化为-1但得到的实际变化是1。在这两种情况下，预测误差都是2。在许多工业应用中，我们会将这两种误差等同对待。但在金融领域，情况并非如此。在第一种情况下，投资者赚取了预期收益的1/3，而在第二种情况下，投资者遭受了等于预期收益的损失。未能准确预测到大小是机会损失，但无法预测到符号（正还是负）是实际损失。投资者对实际损失的惩罚要比机会损失大得多。预测一个结果的符号往往比预测其大小更重要，这也是在投资中倾向于分类法而非回归法的原因。此外，在金融领域，通常会发现结果的符号和大小取决于不同的特征，因此，用一组独特的特征共同预测结果的符号和大小，可能会导致不理想的结果⊖。正如López de Prado（2018b）所述，从其他领域过渡到金融领域的机器学习专家经常会犯一些根本性的错误，比如错误地提出问题。金融机器学习本身就是一个主题，讨论通用机器学习算法并不是问题的核心。

⊖ 参见López de Prado（2018a）关于元标记算法的讨论，其中符号和大小决策由独立算法做出。

为什么这本书不像其他很多书一样，讨论一个特定的投资策略？

市场上有很多书提供如何实施别人的投资策略的秘诀。那些有关投资策略的书告诉我们如何借鉴别人的策略。本书不是这样。我想告诉您如何利用机器学习来发现与您相关的崭新的经济和金融理论，并以此为基础制定您的专属投资策略。您的投资策略只是对这些理论的具体实施，而这些理论必须由您自己独立发现。您不能一边烤着别人的蛋糕，一边期望把它据为己有。

1.10 结论

本书的目的是介绍机器学习工具，从而有助于发现经济和金融理论。成功的投资策略是一般理论的具体实现。一个缺乏理论依据的投资策略很可能是错误的。因此，研究人员应该把精力集中在发现理论上，而不是对潜在的策略进行回测。

机器学习不是一个黑匣子，也不一定会过拟合。机器学习工具是对经典统计方法的补充，而不是取代经典统计方法。机器学习的优点包括：①专注于样本外的可预测性，而不是方差判断；②使用计算方法避免依赖于一些（可能不切实际的）假设；③能够"学习"复杂的规范，包括高维空间中的非线性、分层和非连续的相互作用；④能够将变量搜索与设定搜索分离，并能很好地防止多重线性和其他替代效应。

1.11 习题

1. 量化方法可以用来预测从未发生过的事件吗？量化方法如何预测黑天鹅事件？
2. 为什么理论在金融和经济学中特别重要？机器学习在金融中的最佳用途是什么？
3. 关于金融机器学习有哪些普遍的误解？金融数据集是否足够大以适用于机器学习的应用？
4. 机器学习是如何控制过拟合的？金融中的信噪比是否太低而不允许使用机器学习？
5. 描述一下金融中结合经典方法和机器学习方法的定量方法。机器学习与大型回归有什么不同？描述金融机器学习的五种应用。

降噪和降调

2.1 动机

协方差矩阵在（量化）金融中无处不在。我们使用协方差矩阵进行很多操作，例如回归分析、估计风险、优化投资组合、蒙特卡洛模拟不同场景、找寻聚类、降低向量空间的维数等。为了估计构成随机向量的随机变量之间的线性联动（comovement），我们利用这些随机向量的一系列观测值来计算经验协方差矩阵（empirical covariance matrix）。考虑到这些实际观测数据的有限性和不确定性，协方差矩阵的估计包括一定量的噪声。从因子估计得出的经验协方差矩阵（注：因子估计是量化金融常见的另外一种估计经验协方差矩阵的方法）在数值上也存在问题，因为这些因子也是从有缺陷的数据中估计的。除非我们处理此噪声，否则它将影响我们对协方差矩阵的计算，有时甚至会导致最终分析徒劳无用。

2 降噪和降调

本章旨在解释在经验协方差矩阵中降低噪声和增强信号的方法。在本书中，我们假设经验协方差矩阵和相关矩阵已经过此处理。

2.2 Marcenko-Pastur 定理

令 $X = \{x_{ij}\}_{T \times N}$，其元素是均值为 0，方差为 σ^2 的独立同分布（independent and identically distributed，iid）随机变量。当 $N \to +\infty$ 和 $T \to +\infty$ 且 $1 < \frac{T}{N} < +\infty$ 时，矩阵 $C = T^{-1} X'X$ 的特征值 λ 渐近收敛到 Marcenko-Pastur 概率密度函数（Probability Density Function，PDF），

$$f[\lambda] = \begin{cases} \dfrac{T}{N} \dfrac{\sqrt{(\lambda_+ - \lambda)(\lambda - \lambda_-)}}{2\pi\lambda\sigma^2} & \text{假如 } \lambda \in [\lambda_-, \lambda_+] \\ 0 & \text{假如 } \lambda \notin [\lambda_-, \lambda_+] \end{cases}$$

其中，最大期望特征值为

$$\lambda_+ = \sigma^2 \left(1 + \sqrt{\frac{T}{N}}\right)^2$$

最小期望特征值为

$$\lambda_+ = \sigma^2 \left(1 - \sqrt{\frac{T}{N}}\right)^2$$

当 $\sigma^2 = 1$ 时，则 C 就是 X 的相关系数矩阵。代码段 2.1 通过 Python 实现了 Marcenko-Pastur 概率密度函数。

代码段 2.1　Marcenko-Pastur 概率密度函数

```python
import numpy as np,pandas as pd
#---------------------------------------------------
def mpPDF(var,q,pts):
  # Marcenko - Pastur pdf
  # q = T/N
  eMin,eMax = var * (1 - (1./q) ** .5) ** 2,var * (1 + (1./q)
    ** .5) ** 2
  eVal = np.linspace(eMin,eMax,pts)
  pdf = q/(2 * np.pi * var * eVal) * ((eMax - eVal) * (eVal
    - eMin)) ** .5
  pdf = pd.Series(pdf,index = eVal)
  return pdf
```

当特征值 $\lambda \in [\lambda_-, \lambda_+]$ 时，λ 与随机行为一致，当特征值 $\lambda \notin [\lambda_-, \lambda_+]$ 时，λ 与非随机行为一致。具体来说，我们认为特征值 $\lambda \in [0, \lambda_+]$ 时，与噪声相关。图 2-1 和代码段 2.2 展示了 Marcenko-Pastur 分布如何紧密地解释随机矩阵 X 的特征值。

代码段 2.2　检验 Marcenko-Pastur 定理

```python
from sklearn.neighbors.kde import KernelDensity
#---------------------------------------------------
def getPCA(matrix):
  # Get eVal,eVec from a Hermitian matrix
```

```
eVal,eVec = np.linalg.eigh(matrix)
indices = eVal.argsort()[::-1] # arguments for
  sorting eVal desc
eVal,eVec = eVal[indices],eVec[:,indices]
eVal = np.diagflat(eVal)
return eVal,eVec
#---------------------------------------------------
def fitKDE(obs,bWidth =.25,kernel = 'gaussian',x =
  None):
  # Fit kernel to a series of obs, and derive the prob of
    obs
  # x is the array of values on which the fit KDE will be
    evaluated
  if len(obs.shape) = =1:obs = obs.reshape(-1,1)
  kde = KernelDensity(kernel = kernel,bandwidth =
    bWidth).fit(obs)
  if x is None:x = np.unique(obs).reshape(-1,1)
  if len(x.shape) = =1:x = x.reshape(-1,1)
  logProb = kde.score_samples(x) # log(density)
  pdf = pd.Series(np.exp(logProb),index = x.flatten())
  return pdf
#---------------------------------------------------
x = np.random.normal(size = (10000,1000))
eVal0,eVec0 = getPCA(np.corrcoef(x,rowvar = 0))
pdf0 = mpPDF(1.,q = x.shape[0]/float(x.shape[1]),pts =
  1000)
pdf1 = fitKDE(np.diag(eVal0),bWidth =.01) # empirical
  pdf
```

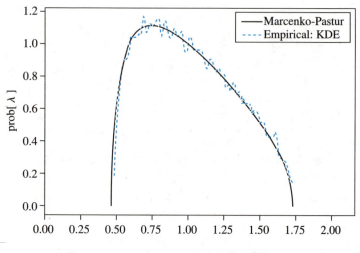

图 2-1 Marcenko-Pastur 定理的可视化展示

2.3 带信号的随机矩阵

在经验相关系数矩阵中,并非所有特征向量都是随机的。代码段 2.3 建立的协方差矩阵不是完全随机的,其特征值仅近似遵循 Marcenko-Pastur 概率密度函数。在函数 getRndCov 生成的协方差矩阵中,共有 nCols 个随机变量,其中只有 nFact 个包含一些信号。为了进一步稀释信号,我们将该协方差矩阵添加到权重为 alpha 的纯随机矩阵中。如果读者希望了解更多构建随机协方差矩阵的方法,请参见文献 Lewandowski 等(2009)。

代码段 2.3 在随机协方差矩阵中加入噪声

```
def getRndCov(nCols,nFacts):
    w = np.random.normal(size = (nCols,nFacts))
    cov = np.dot(w,w.T) # random cov matrix, however not
      full rank
    cov + = np.diag(np.random.uniform(size = nCols)) #
      full rank cov
    return cov
#---------------------------------------------------
def cov2corr(cov):
    # Derive the correlation matrix from a covariance
    matrix
    std = np.sqrt(np.diag(cov))
    corr = cov/np.outer(std,std)
    corr[corr < -1],corr[corr > 1] = -1,1 # numerical
    error
    return corr
#---------------------------------------------------
alpha,nCols,nFact,q = .995,1000,100,10
cov = np.cov(np.random.normal(size = (nCols * q,nCols)),
    rowvar = 0)
cov = alpha * cov + (1 - alpha) * getRndCov(nCols,nFact)
    #noise + signal
corr0 = cov2corr(cov)
eVal0,eVec0 = getPCA(corr0)
```

2.4 拟合 Marcenko-Pastur 分布

在本节中,我们遵循 Laloux 等(2000)介绍的方法。由于仅一部分方差是由随机特征向量引起的,因此我们可以在上述等式中相应地调整 σ^2。例如,如果我们假设与最高特征值相关的特征向量不是随机的,则应在上述公式中将 σ^2 替换为 $\sigma^2(1-\lambda_+/N)$。实际上,我们可以通过函数 $f[\lambda]$ 拟合特征值的经验分布,以得出隐含的 σ^2。这样我们可以得到相关系数矩阵中存在的随机特征向量解释的方差,并确定一个临界值 λ_+,对此临界值可根据非随机特征向量的存在进行调整。

代码段 2.4 对于一个包含信号的随机协方差矩阵进行 Marcenko-Pastur 概率密度函数拟合。拟合的目的是找到 σ^2 的值,该值使概率密度函数的解析值(真实值)和观测到的特征值的核密度估计(KDE)之间的平方差之和最小(有关 KDE 的内容,请参阅 Rosenblatt, 1956; Parzen, 1962)。此段代码中,临界值 λ_+ 存储为变量 eMax0,σ^2 的值存储为 var0,因子数量为 nFacts0。

代码段 2.4　拟合 Marcenko-Pastur 概率密度函数

```
from scipy.optimize import minimize
#---------------------------------------------------
def errPDFs(var,eVal,q,bWidth,pts=1000):
    #Fit error
    pdf0=mpPDF(var,q,pts) #theoretical pdf
    pdf1=fitKDE(eVal,bWidth,x=pdf0.index.values) #
      empirical pdf
    sse=np.sum((pdf1-pdf0)**2)
```

```
    return sse
# ------------------------------------------------
def findMaxEval(eVal,q,bWidth):
    #Find max random eVal by fitting Marcenko's dist
    out = minimize(lambda *x:errPDFs(*x),.5,args =
       (eVal,q,bWidth),
bounds = ((1E-5,1-1E-5),))
    if out['success']:var = out['x'][0]
    else:var = 1
    eMax = var*(1+(1./q)**.5)**2
    return eMax,var
# ------------------------------------------------
eMax0,var0 = findMaxEval(np.diag(eVal0),q,bWidth = .01)
nFacts0 = eVal0.shape[0] - np.diag(eVal0)[::-1].
    searchsorted(eMax0)
```

图 2-2 绘制了特征值的直方图和拟合的 Marcenko-Pastur 分布的概率密度函数。在拟合的 Marcenko-Pastur 分布右侧的特征值不能与噪声相关联,因此它们与信号相关。该代码对于 nFacts0 返回值为 100,这与我们输入协方差矩阵的因子数量相同。尽管协方差矩阵中的信号很微弱,但该程序仍能够将与噪声关联的特征值和与信号关联的特征值分离。拟合的概率密度分布意味着 $\sigma^2 \approx 0.6768$,表明仅约 32.32% 的方差可归因于信号。这是一种测量金融数据集中信噪比的方法(众所周知,由于套利的力量,金融数据集的信噪比很低)。

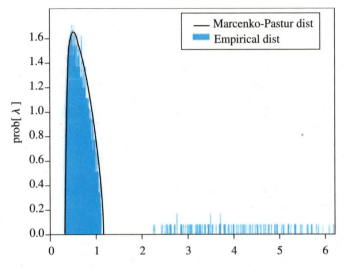

图 2-2 将 Marcenko-Pastur 概率密度函数拟合
到含有噪声的协方差矩阵上

2.5 降噪

在金融领域的应用中，对于数值上呈现病态的协方差矩阵做收缩（shrinkage）是很常见的（Ledoit 和 Wolf，2004）。通过使协方差矩阵更接近一个对角阵，收缩方法可以降低其条件数。但是，收缩方法尽管可以实现这一点，却并没有区分噪声和信号。所以，收缩方法会进一步消减已经微弱的信号。

在上一节中，我们学习了如何区分与噪声分量相关的特征值和与信号分量相关的特征值。在本节中，我们讨论如何使用此信息对相关系数矩阵进行降噪。

2.5.1 常数残差特征值法

该方法为所有随机特征向量设置一个为常数的特征值。令$\{\lambda_n\}_{n=1,\cdots,N}$为所有特征值的集合，降序排列，$i$为满足如下条件的特征值的位置，使得$\lambda_i > \lambda_+$且$\lambda_{i+1} \leq \lambda_+$。然后设定$\lambda_j = \frac{1}{(N-i)}\sum_{k=i+1}^{N}\lambda_k, j = i+1, \cdots, N$，因此保留了相关系数矩阵的迹（trace）。给定特征向量分解$VW = W\Lambda$，我们将降噪的相关系数矩阵记为C_1

$$\tilde{C}_1 = W\tilde{\Lambda}W'$$

$$C_1 = \tilde{C}_1[(\text{diag}[\tilde{C}_1])^{\frac{1}{2}}(\text{diag}[\tilde{C}_1])^{\frac{1}{2}'}]^{-1}$$

其中$\tilde{\Lambda}$是含有校正后的特征值的对角矩阵，撇号（'）对一个矩阵进行转置，并且$\text{diag}[.]$将方阵的所有非对角元素置零。第二个变换的原因是重新缩放矩阵$\tilde{C}_1$，以使C_1的主对角线都是1。代码段2.5实现了此方法。图2-3比较了用这种方法降噪前后的特征值（取了对数）。

代码段2.5 通过常数残差特征值法降噪

```
def denoisedCorr(eVal,eVec,nFacts):
    #Remove noise from corr by fixing random eigenvalues
    eVal_=np.diag(eVal).copy()
    eVal_[nFacts:]=eVal_[nFacts:].sum()/float(eVal_.
      shape[0]-nFacts)
```

```
    eVal_ = np.diag(eVal_)
    corr1 = np.dot(eVec,eVal_).dot(eVec.T)
    corr1 = cov2corr(corr1)
    return corr1
#---------------------------------------------------
corr1 = denoisedCorr(eVal0,eVec0,nFacts0)
eVal1,eVec1 = getPCA(corr1)
```

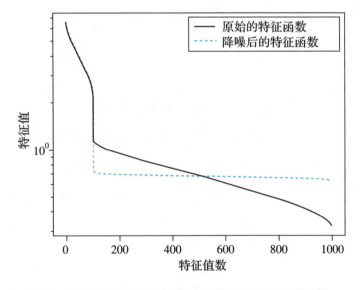

图 2-3 应用常数残差特征值法之前和之后的特征值比较

2.5.2 有针对性的收缩

前面描述的数值方法比收缩方法更好，因为前者可以在消除噪声的同时保留信号。除此之外，我们可以将收缩

方法严格地对准随机特征向量来进行。考虑相关系数矩阵 C_1

$$C_1 = W_L \Lambda_L W'_L + \alpha W_R \Lambda_R W'_R + (1-\alpha)\,\text{diag}\left[W_R \Lambda_R W'_R\right]$$

其中 W_R 和 Λ_R 是与 $\{n \mid \lambda_n \leq \lambda_+\}$ 有关的特征向量和特征值，W_L 和 Λ_L 是与 $\{n \mid \lambda_n > \lambda_+\}$ 有关的特征向量和特征值，α 调节与噪声相关的特征向量和特征值之间的收缩量（$\alpha \to 0$ 时完全收缩）。代码段 2.6 实现了此方法。图 2-4 比较了用这种方法降噪前后的特征值对数。

代码段 2.6　利用有针对性的收缩降噪

```
def denoisedCorr2(eVal,eVec,nFacts,alpha=0):
    #Remove noise from corr through targeted shrinkage
    eValL,eVecL = eVal[:nFacts,:nFacts],eVec[:,:nFacts]
    eValR,eVecR = eVal[nFacts:,nFacts:],eVec[:,nFacts:]
    corr0 = np.dot(eVecL,eValL).dot(eVecL.T)
    corr1 = np.dot(eVecR,eValR).dot(eVecR.T)
    corr2 = corr0 + alpha * corr1 + (1 - alpha) * np.diag(np.
        diag(corr1))
    return corr2
#-----------------------------------------------------
corr1 = denoisedCorr2(eVal0,eVec0,nFacts0,alpha = .5)
eVal1,eVec1 = getPCA(corr1)
```

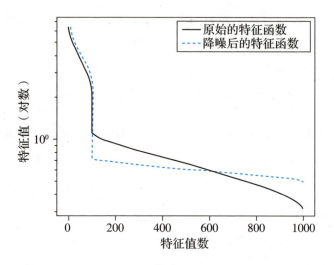

图 2-4 应用有针对性的收缩方法前后的特征值比较

2.6 降调

金融数据的相关系数矩阵通常包含市场成分。市场成分（通常）是由第一个特征向量刻画的，其载荷（loading）为 $W_{n,1} \approx N^{-\frac{1}{2}}$，$n = 1$，$\cdots$，$N$。因此，市场成分会影响协方差矩阵的每个元素。在聚类场景下，如果存在市场成分（可以进行统计检验的假设），移除市场成分是有用的。其原因是，当相关系数矩阵具有很强的市场成分时，聚类算法将难以发现聚类（clusters）之间的差异。通过移除市场成分，我们可以使更大部分的相关特性通过被影响特定证券的成分来解释。这类似于要消除非常响亮的音调，才能听到其他声音。降调在主成分分析中的行为，类似于在回归分析中计算市场 beta 调整后的收益。

我们可以从做了降噪处理的相关系数矩阵 C_1 中移除市场成分，以形成降调了的相关系数矩阵

$$\tilde{C}_2 = C_1 - W_M \Lambda_M W'_M = W_D \Lambda_D W'_D$$

$$C_2 = \tilde{C}_2 [(\text{diag}[\tilde{C}_2])^{\frac{1}{2}} (\text{diag}[\tilde{C}_2])^{\frac{1}{2}'}]^{-1}$$

其中 W_M 和 Λ_M 是与市场成分相关的特征向量和特征值（通常只有一个，但也可能有多个），而 W_D 和 Λ_D 是特征向量与非市场成分相关的特征值。

由于消除了（至少）一个特征向量，降调后的相关系数矩阵是奇异的。对于聚类分析而言，这不是问题，因为大多数方法不需要相关系数矩阵的可逆性。但是，降调了的相关系数矩阵 C_2 不能直接用于均值方差（mean-variance）投资组合优化。不过，我们可以在选定的（非零）主成分上优化投资组合，并将最佳分配 f^* 映射回原始的基（basis）。原始基下的最优分配是

$$\omega^* = W_+ f^*$$

其中 W_+ 仅包含在降调过程中幸存的特征向量（即特征值非零），而 f^* 是对这些相同分量的最优分配向量。

2.7 实验结果

对协方差矩阵做降噪和降调处理，可以带来很多好处。这

些好处来自那些处理过的矩阵的数学特性,并可以通过蒙特卡洛实验进行评估。在本节中,我们讨论有效边界(efficient frontier)的两个特征组合,即最小方差和最大夏普比率解,因为不受约束的有效边界的任何成员都可以表示为两者的凸组合。

2.7.1 最小方差组合

在本节中,我们将计算通过降噪和不降噪的方法估计最小方差组合产生的误差。代码段 2.7 生成一个对角块协方差矩阵和均值向量,此矩阵包含十个大小为 50 的方块阵,其中每个块内的非对角线元素的相关性为 0.5。该协方差矩阵可以看作标普 500 指数成分股降噪之后的相关系数矩阵的真实值(并非经验矩阵),其中每个块代表一个经济板块(sector)。

代码段 2.7　生成对角块协方差矩阵和均值向量

```
def formBlockMatrix(nBlocks,bSize,bCorr):
  block = np.ones((bSize,bSize)) * bCorr
  block[range(bSize),range(bSize)] = 1
  corr = block_diag( *([block] * nBlocks))
  return corr
# -----------------------------------------------------
def formTrueMatrix(nBlocks,bSize,bCorr):
  corr0 = formBlockMatrix(nBlocks,bSize,bCorr)
  corr0 = pd.DataFrame(corr0)
  cols = corr0.columns.tolist()
  np.random.shuffle(cols)
```

```
corr0 = corr0[cols].loc[cols].copy(deep = True)
std0 = np.random.uniform(.05,.2,corr.shape[0])
cov0 = corr2cov(corr0,std0)
mu0 = np.random.normal(std0,std0,cov0.shape[0]).
    reshape(-1,1)
return mu0,cov0
#---------------------------------------------------
from scipy.linalg import block_diag
from sklearn.covariance import LedoitWolf
nBlocks,bSize,bCorr = 10,50,.5
np.random.seed(0)
mu0,cov0 = formTrueMatrix(nBlocks,bSize,bCorr)
```

在一般情况下，方差是从 5%～20% 之间的均匀分布中抽取的，均值向量是从正态分布中抽取的，此正态分布的均值和标准差与协方差矩阵的标准差一致。这与有效市场（efficient market）理论的观点是一致的，即市场中所有证券都具有相同的预期夏普比率。我们固定了一个随机数种子，以方便比较不同参数的运行结果。

代码段 2.8 使用真实（非经验）的协方差矩阵生成一个大小为 $T \times N$ 的随机矩阵 X，并得出相关的经验协方差矩阵和均值向量。函数 simCovMu 的输入参数之一是 nObs，该参数设置 T 的值。当 shrink = True 时，该函数将对经验协方差矩阵进行 Ledoit-Wolf 收缩。

代码段 2.8　生成经验协方差矩阵

```
def simCovMu(mu0,cov0,nObs,shrink=False):
  x=np.random.multivariate_normal(mu0.flatten(),
    cov0,size=nObs)
  mu1=x.mean(axis=0).reshape(-1,1)
  if shrink:cov1=LedoitWolf().fit(x).covariance_
  else:cov1=np.cov(x,rowvar=0)
  return mu1,cov1
```

代码段 2.9 应用了本节中介绍的方法，以对经验协方差矩阵进行降噪。在此特定实验中，我们通过常数残差特征值方法进行降噪。

代码段 2.9　经验协方差矩阵的降噪

```
def corr2cov(corr,std):
  cov=corr*np.outer(std,std)
  return cov
#------------------------------------------------------
def deNoiseCov(cov0,q,bWidth):
  corr0=cov2corr(cov0)
  eVal0,eVec0=getPCA(corr0)
  eMax0,var0=findMaxEval(np.diag(eVal0),q,bWidth)
  nFacts0=eVal0.shape[0]-np.diag(eVal0)[::-1].\
    searchsorted(eMax0)
```

```
corr1 = denoisedCorr(eVal0,eVec0,nFacts0)
cov1 = corr2cov(corr1,np.diag(cov0)**.5)
return cov1
```

代码段 2.10 重复运行 1000 次以下的蒙特卡洛实验：①产生一个随机经验协方差矩阵（可选收缩率），T = 1000；②对经验协方差矩阵降噪（可选）；③使用函数 optPort 推导最小方差投资组合。当参数 shrink = True 传递给函数 simCovMu 时，协方差矩阵会被收缩。当参数 bWidth > 0 时，在估计最小方差投资组合之前对协方差矩阵进行降噪[○]。我们可以任意固定随机种子，以便可以在相同的协方差矩阵上进行有无降噪的蒙特卡洛实验。

代码段 2.10 经验协方差矩阵的降噪
```
def optPort(cov,mu = None):
    inv = np.linalg.inv(cov)
    ones = np.ones(shape = (inv.shape[0],1))
    if mu is None:mu = ones
    w = np.dot(inv,mu)
    w/= np.dot(ones.T,w)
    return w
```

○ 作为一个课后练习，我们通过交叉验证的方法来估计 bWidth 的最优值。

```
# --------------------------------------------------
nObs,nTrials,bWidth,shrink,minVarPortf = 1000,1000,.
  01,False,True
w1 = pd.DataFrame(columns = xrange(cov0.shape[0]),
                  index = xrange(nTrials),dtype = float)
w1_d = w1.copy(deep = True)
np.random.seed(0)
for i in range(nTrials):
  mu1,cov1 = simCovMu(mu0,cov0,nObs,shrink = shrink)
  if minVarPortf:mu1 = None
  cov1_d = deNoiseCov(cov1,nObs * 1./cov1.shape[1],
    bWidth)
  w1.loc[i] = optPort(cov1,mu1).flatten()
  w1_d.loc[i] = optPort(cov1_d,mu1).flatten()
```

代码段 2.11 计算从真实协方差矩阵得出的真实最小方差投资组合。用这些资产分配权重作为基准，然后在有无降噪时分别计算所有权重的均方根误差（RMSE）。我们可以分别在带有或不带有收缩的情况下运行代码段 2.11，从而获得图 2-5 中显示的四个组合。从图 2-5 中我们可以看到，降噪比收缩效果要好得多：降噪的最小方差组合的 RMSE 只有不降噪所产生的 40.15%。使用 Ledoit-Wolf 收缩技术可将误差降低 30.22%，不过，仅通过降噪就可以将 RMSE 降低 59.85%。降噪之后，收缩几乎没有什么额外的作用。通过结合降噪和收缩将 RMSE 减少了 65.63%，这并不比仅使用降噪的结果好多少。

代码段 2.11 均方根误差

```
w0 = optPort(cov0,None if minVarPortf else mu0)
w0 = np.repeat(w0.T,w1.shape[0],axis=0)
rmsd = np.mean((w1 - w0).values.flatten() ** 2) ** .5
 # RMSE
rmsd_d = np.mean((w1_d - w0).values.flatten() ** 2) **.
 5 # RMSE
print rmsd,rmsd_d
```

	未降噪	降噪
未收缩	4.95E-03	1.99E-03
收缩	3.45E-03	1.70E-03

图 2-5 降噪和收缩的均方根误差（最小方差投资组合）

2.7.2 最大夏普比率投资组合

我们可以重复之前的实验，这次，我们把最大夏普比率投资组合的估算作为目标。为此，需要在代码段 2.10 中设置 minVarPortf = True[一]。图 2-6 再次显示，降噪比收缩效果要好得多：降噪后的最大夏普比率投资组合的 RMSE 只有未降噪所产生的 0.04%。仅仅通过降噪，RMSE 降低了 94.44%；

[一] 原文中的笔误，从代码中可以看出这时应设参数为 False。——译者注

使用 Ledoit-Wolf 收缩方法则降低了 70.7%。尽管在不进行降噪的情况下收缩是有些帮助的，但与降噪结合使用不会带来任何更多的益处。这是因为收缩会稀释噪声，但这是以同时稀释一些信号作为代价的。

	未降噪	降噪
未收缩	9.48E-01	5.27E-02
收缩	2.77E-01	5.17E-02

图2-6 降噪和收缩的均方根误差（最大夏普比率组合）

2.8 结论

在金融领域，由于用于估计大量参数的独立观测数量较少，经验协方差矩阵常常处于数值病态。我们不建议不进行处理就直接使用这些矩阵。即使协方差矩阵不是奇异的（是可逆的），小的行列式几乎可以保证求逆过程会急剧放大估计误差。在投资过程中，这些估计误差会导致资产分配错误，同时由于不必要的再平衡（rebalance），产生大量交易成本。

Marcenko-Pastur 定理为我们提供了与随机矩阵相关的特征值的分布。通过拟合此分布，我们可以区分与信号关联的特征值和与噪声关联的特征值，可以调整后者以校正矩阵的不良状况，而不会稀释信号。这种随机矩阵理论方法通常优于：①阈值方法（Jolliffe，2002，113），该方法选择一定数量的分量，可以共同解释方差中某一固定比例，而与噪声引起的实际比例无关；②收缩法（Ledoit 和 Wolf，2004），它可以去除一些噪声，不过是以稀释很多信号为代价的。

回顾一下线性代数里的知识，相关系数矩阵的条件数是其最大特征值与最小特征值之间的比率。降噪通过提高最低特征值来减少条件数。我们可以通过降低最高特征值来进一步减少条件数。这具有数学意义，也具有直观意义。删除相关系数矩阵中存在的市场成分，可以增强隐藏在市场"基调"之下的更微妙的信号。例如，如果我们试图对股票收益的相关系数矩阵进行聚类，则对该矩阵降调处理可能会有助于放大与其他风险敞口（例如行业、产业或规模）相关的信号。

我们已经证明了在投资组合优化中的降噪是有用的，但其应用可以扩展到协方差矩阵的任何使用。例如，在对矩阵 $X'X$ 求逆之前，对其进行降噪应有助于减小回归估计的方差，并提高统计假设检验的功效。出于相同的原因，从回归因子派生的协方差矩阵（也称为基于因子的协方差矩阵）也需要进行降噪，或者说，未经过数值处理不建议直接使用。

2.9 习题

1. 用 Python 实现 2.6 节中描述的降调方法。
2. 使用一系列股票收益矩阵：

a. 计算协方差矩阵。相关系数矩阵的条件数是多少？

b. 从平均值为 10%、标准差为 10% 的正态分布中生成一百个预期收益的替代向量，计算一百个有效边界。

c. 计算相对于平均有效边界的误差的方差。

3. 重复练习 2，这次先对协方差矩阵进行降噪，再计算一百个有效边界。

    a. Marcenko-Pastur 分布所隐含的 σ^2 的值是多少？

    b. 与随机成分关联的特征值有多少？

    c. 误差方差是否显著偏高或偏低？为什么？

4. 重复练习 2，这次在计算一百个有效边界之前，对协方差矩阵应用 Ledoit-Wolf 收缩方法（而不是降噪）。误差的方差是显著偏高还是偏低？为什么？

5. 重复练习 3，在计算一百个有效边界之前，对协方差矩阵降调。误差的方差是明显偏高还是偏低？为什么？

6. 如果把特征值低于某给定阈值的成分删除，会发生什么？仍然可以计算有效边界吗？怎么算？

7. 扩展代码段 2.2 中的 fitKDE 函数，使得它能通过交叉验证来估计 bWidth 的最佳值。

距离度量

3.1 动机

在第 2 章中，我们研究了经验相关矩阵的重要数值特性，并推广到协方差矩阵。尽管相关性具有很多优点，但是作为衡量相互依赖性的一种方法，相关性还是受到一些关键局限性的制约。在本章中，我们将通过回顾信息论领域的概念来克服这些限制。信息论为我们这个时代很多现代奇迹提供背后的理论支持，例如互联网、手机、文件压缩、视频流或加密。如果研究人员没有超越相关性去理解相互依赖性，那么这些发明都是不可能的。

事实证明，信息论，特别是 Shannon 熵的概念，在金融领域也有非常有用的应用。熵背后的关键思想是定量化衡量随机变量的不确定性。信息论对机器学习也是必不可少的，因为许多机器学习算法的主要目标是减少解决问题所涉及的不确定性。在本章中，我们将回顾一些在机器学习各种场景下广泛使用的概念，包括：①定义决策树学习中的目标函数；②定义分类问题的损失函数；③评估两个随机变量之间的距离；④比较聚类；⑤特征选择。

3.2 基于相关性的度量

相关性是对线性关系的一个有用的度量。对相关系数矩阵进行降噪和降调后，它可以揭示某一系统的重要结构信息。例如，可以使用相关性来识别高度相关的证券聚类。但在执行此操作之前，我们需要解决一个技术问题：相关性并不是度量，因为它不满足非负性和三角不等式条件。度量是很重要的，因为它们会在集合上产生直观的拓扑关系结构。没有了这一直观的拓扑关系，单单比较相关性的几个非度量的测量，可能会导致不一致的结论。例如，相关性（0.9，1.0）与（0.1，0.2）之间的差异是相同的，但是明显前者在相关性上涉及更大的差别。

考虑两个长度为 T 的随机向量 X，Y 和一个相关性估计 $\rho[X, Y]$，唯一的要求是

$$\sigma[X, Y] = \rho[X, Y]\, \sigma[X]\, \sigma[Y],$$

其中 $\sigma[X, Y]$ 是两个向量之间的协方差，而 $\sigma[.]$ 是标准差（standard deviation）。皮尔逊（Pearson）相关性是满足这些要求的几种相关性估计之一。那么，基于皮尔逊相关系数的一个变换

$$d_\rho[X, Y] = \sqrt{\frac{1}{2}(1 - \rho[X, Y])}$$

是一个度量。

证明如下:首先考虑两个向量之间的欧氏距离

$$d[X, Y] = \sqrt{\sum_{t=1}^{T}(X_t - Y_t)^2}$$

其次,我们将这些向量做中心化和标准化(z-标准化)

$$x = \frac{(X - \overline{X})}{\sigma[X]}$$

$$y = \frac{(Y - \overline{Y})}{\sigma[Y]}$$

其中 $\overline{X}$ 是 X 的均值,$\overline{Y}$ 是 Y 的均值。所以,我们有 $\rho[x, y] = \rho[X, Y]$。

最后,我们得出欧氏距离 $d[x, y]$ 为

$$\begin{aligned}d[x, y] &= \sqrt{\sum_{t=1}^{T}(x_t - t_t)^2} \\ &= \sqrt{\sum_{t=1}^{T}x_t^2 + \sum_{t=1}^{T}y_t^2 - 2\sum_{t=1}^{T}x_t y_t} \\ &= \sqrt{T + T - 2T\sigma[x, y]} \\ &= \sqrt{2T\left(1 - \underbrace{\rho[x, y]}_{=\rho[X,Y]}\right)} \\ &= \sqrt{4T}d_\rho[X, Y]\end{aligned}$$

这意味着，当向量 $\{X, Y\}$ 做了 z-标准化之后，$d_\rho[X, Y]$ 是它们之间欧氏距离（$d[x, y]$）的线性倍数，因此它继承了欧氏距离的真实度量属性。

度量 $d[x, y]$ 具有归一化的属性，$d_\rho[X, Y] \in [0, 1]$（因为 $\rho[X, Y] \in [-1, 1]$）。另一个特性是，与两个正相关的随机变量相比，它认为两个负相关的随机变量之间的距离更远，并不考虑随机变量相关系数的绝对值的大小。此属性在许多应用中都是有意义的。例如，我们希望建立一个纯多头（long-only）投资组合，其中只能通过持有负相关的证券来降低风险，因此出于分散风险（diversification）目的，这些负相关的证券应视为不同。在其他情况下，如构建多空（long-short）投资组合中，我们通常倾向于把高度负相关的证券视为相似的，因为仓位的符号可以覆盖相关性的符号。对于这种情况，作为替代，我们可以定义一个归一化的基于相关性的距离度量

$$d_{|\rho|}[X, Y] = \sqrt{1 - |\rho[X, Y]|}$$

同样，我们可以证明 $d_{|\rho|}[X, Y]$ 在商群 $\frac{Z}{2Z}$ 下是一个真实的度量。为此，我们重新定义

$$y = \frac{(Y - \bar{Y})}{\sigma[Y]\operatorname{sgn}[\rho[X, Y]]}$$

其中 $\operatorname{sgn}[.]$ 是符号运算符，因此 $0 \leq \rho[x, y] = |\rho[X, Y]|$。

然后，按照先前使用的推导方法，我们得到

$$d[x,y] = \sqrt{2T\left(1 - \underbrace{\rho[x,y]}_{=|\rho[X,Y]|}\right)}$$

$$= \sqrt{2T}d_{|\rho|}[X,Y]$$

3.3 边际熵和联合熵

相关性的概念有三个重要的局限性。首先，它定量考察了两个随机变量之间的线性相关性，但忽略了非线性关系。其次，相关性受离群值（或称异常值）的影响很大。最后，它在多元正态分布之外的应用是值得怀疑的。我们可以计算任何两个实数变量之间的相关性，但除非两个变量遵循联合正态分布，否则这种相关性通常是没有意义的。为了克服这些局限性，我们需要引入一些信息论的概念。

令 X 为离散随机变量，它以概率 $p[x]$ 从集合 S_X 中取值 x。X 的熵定义为

$$H[X] = -\sum_{x \in S_X} p[x]\log[p[x]]$$

在本节中，我们将遵循惯例，即

$$0\log[0] = 0，因为 \lim_{p \to 0^+} p\log[p] = 0$$

$\frac{1}{p[x]}$ 衡量观测值令人惊奇的程度，因为这种让人惊诧的观测的特征之一就在于它出现的概率很低。熵是这些意外事件的期望值，其中 $\log[.]$ 函数可防止 $p[x]$ 和 $\frac{1}{p[x]}$ 相抵消，并赋予熵理想的数学特性。因此，熵可以解释为与 X 相关的不确定性。当所有概率都集中在 S_X 的某一个元素时，熵为零。当 X 均匀分布时，熵在 $\log[\|S_X\|]$ 处达到最大值。

$$p[x] = \frac{1}{\|S_X\|}, \quad \forall_x \in S_X$$

令 Y 为离散的随机变量，它以概率 $p[y]$ 从集合 S_Y 中取值 y。随机变量 X 和 Y 不需要定义在相同的概率空间上。X 和 Y 的联合熵为

$$H[X,Y] = -\sum_{x,y \in S_X \times S_Y} p[x,y]\log[p[x,y]]$$

在此，我们有

$$H[X,Y] = H[Y,X]$$
$$H[X,X] = H[X]$$
$$H[X,Y] \geq \max\{H[X], H[Y]\}$$

和

$$H[X,Y] \leq H[X] + H[Y]$$

认识到 Shannon 的熵仅对离散随机变量是有限的，这一

点很重要。在连续变量的情况下，我们应使用离散点的极限密度（LDDP），或对连续随机变量离散化，相应内容会在3.9节（Jaynes，2003）详细阐述。

3.4 条件熵

给定 Y 时，X 的条件熵定义为

$$H[X|Y] = H[X, Y] - H[Y]$$
$$= -\sum_{y \in S_Y} p[y] \sum_{x \in S_X} p[x|Y=y]\log[p[x|Y=y]]$$

其中，$p[x|Y=y]$ 是 Y 取值为 y 条件下，X 取值为 x 的概率。按照这个定义，如果告诉我们 Y 的值，则 $H[X|Y]$ 是我们在 X 中预期的不确定性。因此，

$$H[X|X] = 0$$

且

$$H[X] \geqslant H[X|Y]$$

3.5 Kullback-Leibler 散度

令 p 和 q 是在同一概率空间上定义的两个离散概率分布。p 和 q 之间的 Kullback-Leibler（或 KL）散度为

$$D_{KL}[p \| q] = -\sum_{x \in S_X} p[x] \log \frac{q[x]}{p[x]} = \sum_{x \in S_X} p[x] \log \frac{p[x]}{q[x]}$$

其中

$$q[x] = 0 \Rightarrow p[x] = 0$$

直观地，此表达式测量的是 p 与某一参考分布 q 之间的差距。KL 散度不是一个度量：尽管它始终是非负的（$D_{KL}[p \| q] \geq 0$），但它违反了对称性（$D_{KL}[p \| q] \neq D_{KL}[q \| p]$）和三角不等式的条件。请注意 KL 散度与联合熵定义的区别，联合熵中两个随机变量不一定存在于同一概率空间中。KL 散度被广泛用于变分推断（variational inference）。

3.6 交叉熵

令 p 和 q 是在同一概率空间上定义的两个离散概率分布。p 和 q 之间的交叉熵为

$$H_C[p \| q] = -\sum_{x \in S_X} p[x] \log[q[x]] = H[X] + D_{KL}[p \| q]$$

交叉熵可以解释为与 X 相关的不确定性，其中我们使用错误的分布 q 而不是真实的分布 p 来评估其信息内容。交叉熵是分类问题中一种流行的得分函数，在金融应用中尤其有意义（López de Prado，2018，第 9.4 节）。

3.7 互信息

互信息定义为由于知道 Y 值而造成 X 变量不确定性的减小（或信息增加），即 Y 的值透露了多少关于 X 的信息量：

$$\begin{aligned}
I[X,Y] &= H[X] - H[X|Y] \\
&= H[X] + H[Y] - H[X,Y] \\
&= \sum_{x \in S_X}\sum_{y \in S_Y} p[x,y] \log\left[\frac{p[x,y]}{p[x]p[y]}\right] \\
&= D_{KL}[p[x,y] \| p[x]p[y]] \\
&= \sum_{y \in S_Y} p[y] \sum_{x \in S_X} p[x|y] \log\left[\frac{p[x|y]}{p[x]}\right] \\
&= E_Y[D_{KL}[p[x|y] \| p[x]]] \\
&= \sum_{x \in S_X} p[x] \sum_{y \in S_Y} p[y|x] \log\left[\frac{p[y|x]}{p[y]}\right] \\
&= E_X[D_{KL}[p[y|x] \| p[y]]]
\end{aligned}$$

从上面我们可以看到

$$I[X,Y] \geqslant 0$$
$$I[X,Y] = I[Y,X]$$

和

$$I[X,X] = H[X]$$

当 X 和 Y 独立时，$p[x,y] = p[x]p[y]$，因此 $I[X,Y] = 0$。

上界由

$$I[X,Y] \leq \min\{H[X], H[Y]\}$$

给出。但是，互信息不是一个度量，因为它不满足三角不等式

$$I[X,Z] \nleq I[X,Y] + I[Y,Z]$$

互信息的一个重要性质是其分组属性

$$I[X,Y,Z] = I[X,Y] + I[(X,Y),Z]$$

其中 (X,Y) 表示 X 和 Y 的联合分布。由于 X、Y 和 Z 本身可以表示联合分布，因此上述属性可用于将互信息分解为更简单的组成部分。这使得互信息在聚合式聚类（agglomerative clustering）算法和前向特征选择（forward feature selection）背景下成为有用的相似性度量。

给定两个大小相等的数组 x 和 y，将它们离散化为每个维度具有多个分隔的规则网格，代码段 3.1 展示了如何在 Python 中计算边际熵、联合熵、条件熵和互信息。

代码段 3.1　边际熵、联合熵、条件熵和互信息

```
import numpy as np,scipy.stats as ss
from sklearn.metrics import mutual_info_score
cXY = np.histogram2d(x,y,bins)[0]
hX = ss.entropy(np.histogram(x,bins)[0]) #marginal
hY = ss.entropy(np.histogram(y,bins)[0]) #marginal
```

```
iXY = mutual_info_score(None,None,contingency = cXY)
iXYn = iXY/min(hX,hY) #normalized mutual information
hXY = hX + hY - iXY #joint
hX_Y = hXY - hY #conditional
hY_X = hXY - hX #conditional
```

3.8 差异信息

差异信息定义为

$$VI[X,Y] = H[X|Y] + H[Y|X]$$
$$= H[X] + H[Y] - 2I[X,Y]$$
$$= 2H[X,Y] - H[X] - H[Y]$$
$$= H[X,Y] - I[X,Y]$$

该度量可以解释为，如果我们知道一个变量的值，则差异信息是另一个变量不确定性的期望值。它的下界为

$$VI[X,Y] = 0 \Leftrightarrow X = Y$$

上界为

$$VI[X,Y] \leqslant H[X,Y]$$

差异信息是一个度量，因为它满足公理：

①非负性，$VI[X,Y] \geqslant 0$；

②对称性，$VI[X, Y] = VI[Y, X]$；

③三角不等式，$VI[X, Z] \leqslant VI[X, Y] + VI[Y, Z]$。

因为 $H[X, Y]$ 是集合 S_X 和 S_Y 大小的函数，$VI[X, Y]$ 没有一个固定的上限。当我们希望比较不同大小的群体（population）的信息差异时，这是有问题的。对于所有 (X, Y) 对，以下公式是一个介于 0 和 1 之间的度量：

$$\widetilde{VI}[X, Y] = \frac{VI[X, Y]}{H[X, Y]} = 1 - \frac{I[X, Y]}{H[X, Y]}$$

根据 Kraskov 等人（2008）的研究，另一个具有更精确边界的度量是

$$\widetilde{\widetilde{VI}}[X, Y] = \frac{\max\{H[X|Y], H[Y|X]\}}{\max\{H[X], H[Y]\}}$$

$$= 1 - \frac{I[X, Y]}{\max\{H[X], H[Y]\}}$$

其中对于所有 (X, Y) 对，有 $\widetilde{\widetilde{VI}}[X, Y] \leqslant \widetilde{VI}[X, Y]$。延续前面的示例，代码段 3.2 计算了互信息、差异信息和归一化的差异信息。○

总结一下，图 3-1 是这些概念之间相互联系的直观表示。

○ 请参见 https://pypi.org/project/pyitlib/。

代码段 3.2　互信息、差异信息和归一化的差异信息

```python
import numpy as np,scipy.stats as ss
from sklearn.metrics import mutual_info_score
#---------------------------------------------------
def varInfo(x,y,bins,norm=False):
    #variation of information
    cXY=np.histogram2d(x,y,bins)[0]
    iXY=mutual_info_score(None,None,contingency=cXY)
    hX=ss.entropy(np.histogram(x,bins)[0]) #marginal
    hY=ss.entropy(np.histogram(y,bins)[0]) #marginal
    vXY=hX+hY-2*iXY #variation of information
    if norm:
        hXY=hX+hY-iXY #joint
        vXY/=hXY #normalized variation of information
    return vXY
```

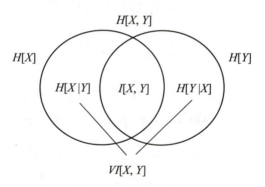

图 3-1　联合熵、边际熵、条件熵、互信息和
　　　　差异信息之间的对应关系

3.9 离散化

在本章中,我们假设了随机变量是离散的。对于连续变量,我们可以将取值颗粒度变得更粗,并将合并的观测值的概念应用于此。假设 X 是一个连续随机变量,具有概率分布函数 $f_X[x]$。Shannon 将(微分)熵定义为

$$H[X] = -\int_{-\infty}^{\infty} f_X[x]\log[f_X[x]]dx$$

高斯随机变量 X 的熵为

$$H[X] = \frac{1}{2}\log[2\pi e \sigma^2]$$

在标准正态情况下 $H[X] \approx 1.42$。在实数值的有限样本上估计 $H[X]$ 的方法之一是,将观测值 $\{x\}$ 的范围等分为 B_X 个区间,每个区间的长度为 Δ_X

$$\Delta_X = \frac{(\max\{x\} - \min\{x\}V)}{B_X}$$

$$H[X] \approx -\int_{i=1}^{B_X} f_X[x_i]\log[f_X[x_i]]\Delta_X$$

其中 $f_X[x_i]$ 代表观测值落入第 i 个区间内的频率。令 $p[x_i]$ 为在与第 i 个区间相对应的分段 Δ_X 中抽取一个观测的概率。我们可以将 $p[x_i]$ 近似为 $p[x_i] \approx f_X[x_i]\Delta_X$,可以用 $\hat{p}[x_i] =$

$\frac{N_i}{N}$ 来估计，其中 N_i 是第 i 个区间内的观测个数，

$$N = \sum_{i=1}^{B_X} N_i$$

$$\sum_{i=1}^{B_X} \hat{p}[x_i] = 1$$

由此可得出熵的离散估计

$$\hat{H}[X] = -\sum_{i=1}^{B_X} \frac{N_i}{N} \log\left[\frac{N_i}{N}\right] + \log[\Delta_X]$$

根据相同逻辑，联合熵的估计为

$$\hat{H}[X, Y] = -\sum_{i=1}^{B_X} \sum_{j=1}^{B_Y} \frac{N_{i,j}}{N} \log\left[\frac{N_{i,j}}{N}\right] + \log[\Delta_X \Delta_Y]$$

通过这两个估计量 $\hat{H}[X]$ 和 $\hat{H}[X, Y]$，我们可以推导出条件熵、互信息和差异信息的估计量。从这些方程式可以看出，如果我们选择不同的 B_X 和 B_Y，计算结果可能会因而产生偏差。对于边际熵的情况，Hacine-Gharbi 等（2012）发现以下分段是最佳的：

$$B_X = \text{round}\left[\frac{\zeta}{6} + \frac{2}{3\zeta} + \frac{1}{3}\right]$$

$$\zeta = \sqrt[3]{8 + 324N + 12\sqrt{36N + 729N^2}}$$

对于联合熵的情况，Hacine-Gharbi 和 Ravier（2018）发现最优分段是

$$B_X = B_Y = \text{round}\left[\frac{1}{\sqrt{2}}\sqrt{1 + \sqrt{1 + \frac{24N}{1-\hat{\rho}^2}}}\right]$$

其中 $\hat{\rho}$ 是 X 和 Y 之间相关性的估计。代码段 3.3 修改了之前的函数 varInfo，它现在使用了由函数 numBins 得出的最佳分段。

代码段 3.3　离散化连续随机变量上的信息差异

```
def numBins(nObs,corr = None):
  #Optimal number of bins for discretization
  if corr is None: #univariate case
    z = (8 + 324 * nObs + 12 * (36 * nObs + 729 * nObs ** 2)
      ** .5) ** (1./3.)
    b = round(z/6. + 2./(3 * z) + 1./3)
  else: #bivariate case
    b = round(2 ** - .5 * (1 + (1 + 24 * nObs/(1. - corr **
      2)) ** .5) ** .5)
  return int(b)
#-------------------------------------------------
def varInfo(x,y,norm = False):
  #variation of information
  bXY = numBins(x.shape[0],corr = np.corrcoef(x,y)[0,1])
  cXY = np.histogram2d(x,y,bXY)[0]
  iXY = mutual_info_score(None,None,contingency = cXY)
  hX = ss.entropy(np.histogram(x,bXY)[0]) #marginal
  hY = ss.entropy(np.histogram(y,bXY)[0]) #marginal
  vXY = hX + hY - 2 * iXY #variation of information
  if norm:
```

```
    hXY = hX + hY - iXY #joint
    vXY/=hXY #normalized variation of information
return vXY
```

3.10 两个划分之间的距离

在前面的章节中,我们推导了评估随机变量之间相似性的方法。我们可以将这些概念扩展到比较同一数据集的两个分区的问题,其中这些划分可以在某种程度上视为随机的(Meila,2007)。对于一个数据集 D,划分 P 是互不相交的非空子集的无序集合,定义如下:

$$P = \{D_k\}_{k=1,\cdots,K}$$

$$\|D_k\| > 0, \forall k$$

$$D_k \cap D_l = \varnothing, \forall k \neq l$$

$$\bigcup_{k=1}^{k} D_k = D$$

下面,我们来定义与 P 相关的不确定性。首先,将选择任何元素 $d \in D$ 的概率设置为 $\tilde{p}[d] = 1/\|D\|$。其次,我们将随机选取的元素 $d \in D$ 属于子集 Dk 的概率定义为 $p[k] = \|D_k\|/\|D\|$。第二个概率 $p[k]$ 与一个离散随机变量相关联,该随机变量从 $S = \{1, \cdots, K\}$ 中取值 k。最后,

与此离散随机变量相关的不确定性可以用熵表示

$$H[P] = -\sum_{k=1}^{K} p[k]\log[p[k]]$$

从上面可以看出，$H[P]$ 的大小不取决于 $\|D\|$，而是取决于子集的相对大小。给定第二个划分 $P' = \{D'_{k'}\}_{k'=1,\cdots,K'}$，我们可以定义另一个随机变量，该变量从 $S' = \{1,\cdots,K'\}$ 中取值 k'。随机选取的元素 $d \in D$ 属于 P 中的子集 D_k 并且还属于 P' 中的子集 $D'_{k'}$ 的联合概率为：

$$p[k,k'] = \frac{\|D_k \cap D'_{k'}\|}{\|D\|}$$

联合熵定义为

$$H[P,P'] = -\sum_{k=1}^{K}\sum_{k'=1}^{K'} p[k,k']\log[p[k,k']]$$

条件熵为 $H[P|P'] = H[P,P'] - H[P]$。互信息是

$$I[P,P'] = H[P] - H[P|P']$$
$$= \sum_{k=1}^{K}\sum_{k'=1}^{K'} p[k,k']\log\left[\frac{p[k,k']}{p[k]p[k']}\right]$$

差异信息是

$$VI[P,P'] = H[P'|P]$$

其中 $H[P|P']$ 衡量我们从分区 P 到 P' 时丢失的有关 P 的信息量，而 $H[P'|P]$ 衡量我们从分区 P 到 P' 时获得

的有关 P' 的信息量。差异信息的定义具有多个属性，其中我们发现：①它是一个度量；②跟熵类似，有绝对上限 $VI[P, P'] \leq \log[\|D\|]$；③如果子集的个数由常数 $\overline{K}$ 限定，且 $\overline{K} \leq \sqrt{\|D\|}$，则 $VI[P, P'] \leq 2\log[\overline{K}]$。这三个属性很重要，因为它们能使我们将划分之间的距离标准化，并比较不同数据集上的划分算法。在无监督学习的情况下，差异信息对于比较划分型（非分层型）聚类算法的结果很有用。

3.11 实验结果

互信息量化了两个随机变量共享的信息量。归一化的互信息取[0, 1]范围内的实数值，这与相关系数的绝对值一样。不过跟相关系数（及其绝对值）一样，互信息和归一化的互信息都不是一个真正的度量。具有相关性 ρ 的两个标准高斯随机变量 X 和 Y 之间的互信息为

$$I[X, Y] = -\frac{1}{2}\log[1-\rho^2]$$

从这个意义上讲，可以看到信息论里归一化的互信息跟线性代数里的相关系数类似。接下来，我们将研究这两个统计量在不同情况下的表现。

3.11.1 无关系

首先,我们从标准高斯分布中抽取两个随机数数组 x 和 e。然后计算 $y = 0x + e = e$,并评估归一化的互信息以及 x 和 y 之间的相关性。代码段 3.4 详细展示了这些计算。

代码段 3.4 两个独立高斯随机变量的相关性和归一化的互信息

```
def mutualInfo(x,y,norm=False):
    #mutual information
    bXY=numBins(x.shape[0],corr=np.corrcoef(x,y)[0,1])
    cXY=np.histogram2d(x,y,bXY)[0]
    iXY=mutual_info_score(None,None,contingency=cXY)
    if norm:
        hX=ss.entropy(np.histogram(x,bXY)[0]) #marginal
        hY=ss.entropy(np.histogram(y,bXY)[0]) #marginal
        iXY/=min(hX,hY) #normalized mutual information
    return iXY
#-------------------------------------------------
size,seed=5000,0
np.random.seed(seed)
x=np.random.normal(size=size)
e=np.random.normal(size=size)
y=0*x+e
nmi=mutualInfo(x,y,True)
corr=np.corrcoef(x,y)[0,1]
```

图 3-2 表示 y 与 x 的关系，与预期一致，它类似于一团云。相关性和归一化的互信息都近似为零。

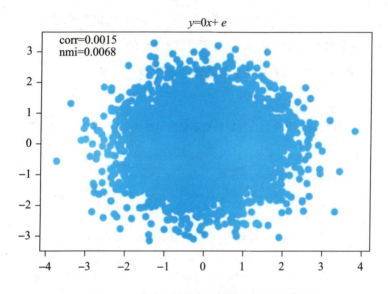

图 3-2 两个独立的高斯随机变量的散点图

3.11.2 线性关系

在此示例中，我们在 x 和 y 之间加上一个线性关系，令 $y = 100x + e$。现在，相关性约为 1，并且归一化的互信息也非常高，约为 0.9。归一化的互信息仍然不是 1，因为还有一定的与 e 相关联的不确定性。如果我们令 $y = 10^4 x + e$，则归一化的互信息为 0.995。图 3-3 绘制了这种关系。

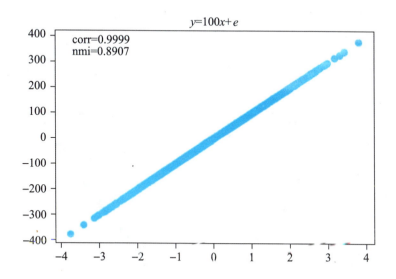

图3-3 具有线性关系的两个高斯随机变量的散点图

3.11.3 非线性关系

在此示例中,我们令 $y = 100|x| + e$,在 x 和 y 之间关于 y 轴对称。现在,相关性约为 0,归一化的互信息约为 0.64。不出所料,相关性无法识别存在于 x 和 y 之间的这一很强的关系,因为该关系是非线性的。相反,互信息识别出我们可以从 x 变量里提取出大量信息,这些信息可用于预测 y,反之亦然。图 3-4 绘制了这种关系。

与线性情况不同,将系数从 10^2 增加到 10^4 不会实质上增加标准化互信息。在此示例中,不确定性的主要来源不是 e。

虽然归一化的互信息很高，但它并不是 1，因为仅知道 y 并不足以知道 x。事实上，对于 y 的任何一个值，x 有两个值与其对应。

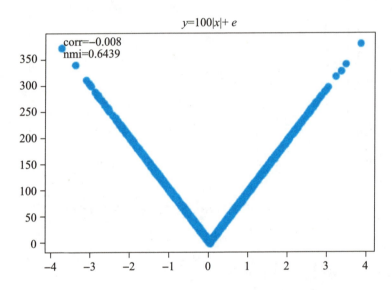

图 3-4　具有非线性关系的两个高斯随机变量的散点图

3.12　结论

相关性对于衡量随机变量之间的线性相关性很有用。这种形式的相关性可以通过各种变形作为距离的度量，例如

$$d_p[X, Y] = \sqrt{\frac{1}{2}(1 - p[X, Y])}$$

或

$$d_{|p|}[X, Y] = \sqrt{1 - |p[X, Y]|}$$

但是,当变量 X 和 Y 有非线性关系时,上述距离度量错误地判断了这些变量之间的相似性。对于非线性情况,我们认为归一化的差异信息是更合适的距离度量。它使我们能够回答有关某一随机变量是否提供独特信息的问题,而无须进行函数形式的假设。鉴于许多机器学习(ML)算法没有在数据上假设函数形式,将它们与基于熵的特征结合使用是有意义的。

3.13 习题

1. 从二维正态分布中抽取 1000 个观测值。该正态分布的标准差为 1,相关系数 $\rho \in \{-1, -0.5, 0, 0.5, 1\}$。
   a. 按照第 3.9 节中所述的方法将样本离散化。
   b. 计算 $H[X]$, $H[Y]$, $H[X, Y]$, $H[X|Y]$, $I[X, Y]$, $VI[X, Y]$ 和 $\widetilde{VI}[X, Y]$
   c. $H[X]$ 和 $H[Y]$ 是否受 ρ 影响?
   d. $H[X, Y]$, $H[X|Y]$, $I[X, Y]$, $VI[X, Y]$ 和 $\widetilde{VI}[X, Y]$ 受 ρ 影响吗?

2. 重复练习 1,这次进行 100 万次随机抽样。哪些变量受不同样本量的影响?

3. 重复练习 2，这次使用练习 1 中的离散化步骤 B_X。这对结果有何影响？

4. 相较于互信息，差异信息的主要优势是什么？能否举一个金融中的例子，在这种情况下，互信息比差异信息更合适？

5. 考虑我们在 3.2 节中讨论的两个基于相关性的距离度量。举一个例子，这些距离指标比归一化的差异信息更可取吗？

6. 利用 Python 编写一个函数，用于计算两个离散概率分布之间的 KL 散度。

7. 利用 Python 编写一个函数来计算两个离散概率分布的交叉熵。

8. 证明 $d_{p^2}[X,Y] = \sqrt{1-p[X,Y]^2}$ 是一个度量指标。

4

最优聚类

4.1 动机

聚类问题包含一组对象以及和这些对象相关联的一组特征。聚类的目标是利用特征将对象分组（称为聚类），使组内相似度最大，组间相似度最小。这是无监督学习的一种形式，因为我们并不提供示例来帮助算法解决这个问题。在金融领域，投资流程的每一步都会自然地出现聚类问题。例如，分析师可能会寻找和当前事件相似的历史事件，这项任务就涉及对事件的量化分类。投资经理们经常根据各种特征将证券分类，在同类证券中得出相对价值。风控经理们热衷于避免将风险集中在有相同特征的证券上。交易员们希望能理解对一组证券有影响的交易量，进而推断反弹或者抛售是针对某个特定证券，还是会影响一类众多的证券。在解决这些问题时，我们用到了第 3 章中探讨的距离的概念。本章着重于寻找聚类的最优数量和构成。

4.2 相似度矩阵

考虑一个 $N \times F$ 的数据矩阵 X，N 是对象数量，F 是特征数量。我们用 F 个特征来计算 N 个对象的相似度，用一个 $N \times N$ 的矩阵来表示。相似度测量可以表示相似性（例如相关系数、互信息）或者相异性（例如距离度量）。相异性度量最好能（但不是必须）满足度量的条件：非负性、对称性和三角不等性（Kraskov 等，2008）。相似度矩阵可以表示为一个无向图，其权重是相似性函数（越相似权重越大）或相异性函数（越不相似权重越小）。聚类问题等价于将图分解为相连的组件（不相交的相连子图），每个类一个。当构建相似度矩阵时，最好标准化输入数据，以避免某一特征的量级过度占主导地位。

4.3 聚类的类型

有两个主要的聚类算法：分区聚类和层次聚类。分区聚类技术将对象做一层（非嵌套的）分区（每个对象属于且仅属于一个类）。层次聚类技术会产生嵌套的分区系列，其中顶部是一个包含所有对象的类，底部是包含单个对象的单例类。层次聚类算法可为分拆式的（自顶向下）

或聚合式的（自底向上）。通过限制层次树的生长，可以从层次聚类得到分区聚类，但通常不能从分区聚类得到层次聚类。

根据聚类的定义，我们能区分几种聚类算法，包含以下：

1. **相连性**：这种聚类基于距离相连性，例如层次聚类。有关金融的示例，参见 López de Prado（2016）。
2. **中心点**：这些算法执行向量量化，比如 k – 均值。有关金融的示例，参见 López de Prado 和 Lewis（2018）。
3. **分布**：聚类是根据统计分布形成的，例如混合高斯分布。
4. **密度**：这些算法在数据空间中搜索相连的密集区域。示例包括 DBSCAN（Density-Based Spatial Clustering of Applications with Noise）和 OPTICS（Ordering Points To Identify the Clustering Structure）。
5. **子空间**：聚类在两个维度上建模，即特征和观测。一个示例是双向聚类（也称为协同聚类）。例如，这个算法能同时识别相似的交易标的子集和时段子集[⊖]。

一些算法要求输入相似性的度量，还有一些算法要求输入相异性的度量。在使用某个具体算法的时候，一定要特别

⊖ 有关示例，请参阅 https://quantdare.com/biclustering-time-series/。

注意使用正确的输入。例如，层次聚类算法一般期望距离作为输入，然后将邻近的对象聚集在一起。中心点、分布函数和密度算法期望输入向量空间坐标，它们可以直接处理距离。但是对于双向聚类算法，直接在距离矩阵上使用，会将距离最远的元素聚集在一起（和 k-均值正好相反）。一种解决方案是使用距离的倒数。

如果特征数量远远超过观测数量，则"维度灾难"（curse of the dimensionality）会使聚类变得困难，因为观测张成的空间大部分为空，从而难以识别其任何分组。一种解决方案是将数据矩阵 X 投影到低维空间，类似于 PCA 那样减少特征的数量（Steinbach 等，2004；Ding 和 He，2004）。另一种解决方案是将相似度矩阵投影到低维空间，用其作为新的 X 矩阵。在这两种情况下，都可以使用第 2 章中的方法来帮助识别与信号有关的维数。

4.4 类集的个数

分区聚类算法找到非嵌套的类集，研究人员在其过程中负责提供正确的类集数量。在实践中，研究人员通常事前并不知道类集的数量应该是多少。"肘部方法"（elbow method）是一种流行的技术，即不断增加类集数量，直到被解释的方差百分比的边界增益小于某个预定的阈值。在这种情况下，被解释的方差百分比是指组间方差和总方差的比值（F检验）。这种做法的一个缺陷是，阈值经常是被任意设置的（Goutte等，1999）。

在本节中，我们提出一种算法，从混洗的块对角相关系数矩阵中发现类集的数量。López de Prado和Lewis（2018）称这个算法为ONC（Optimal Number of Clusters），这个算法的目的是寻找类集的最优数量。ONC属于应用了"侧影方法"（silhouette method，Rousseeuw，1987）的一大类算法。尽管我们通常专注于寻找相关系数矩阵中的类集数，这个算法也可以应用于任何通用的观测矩阵。

4.4.1 观测矩阵

如果您的问题不涉及相关系数矩阵，或者您已经得到了观测矩阵，则可以跳过本节⊖。否则，假设我们有 N 个变量服从多元正态分布，其对应的相关系数矩阵为 ρ，$\rho_{i,j}$ 是变量 i 和 j 的相关性。如果存在很强的公共成分，建议使用第2章的降调方法将其删除，因为一个所有变量共享的因子暴露可能会掩盖某些部分共享的因子暴露。

⊖ 理想情况下，您的观察矩阵将基于第3章中介绍的各种信息理论指标之一。但是，我必须承认，相关性在金融中仍然更为普遍。ONC并不关心观察矩阵的形成方式，本章的目的是为更习惯使用相关性的读者解释一种计算该矩阵的方法。

4 最优聚类

为了进行相关性聚类,我们至少可以采用三种方法:(a)通过直接定义的距离矩阵

$$d_{i,j} = \sqrt{\frac{1}{2}(1-\rho_{i,j})}$$

或相似的变换(参见第3章)来规避使用 X 矩阵;(b)使用相关系数矩阵作为 X;(c)得出 X 矩阵,其中

$$X_{i,j} = \sqrt{\frac{1}{2}(1-\rho_{i,j})}$$

或相似的变换(距离方法中的距离)。方法(b)和(c)的优点在于两个变量的距离是多个而不仅是一个相关性估计的函数,这样当异常值出现时,结果更加稳健。选项(c)的优点是其承认了相关系数 $\rho_{i,j}$ 从 0.9 到 1.0 的变化要大于从 0.1 到 0.2 的变化。在本节中,我们采用方法(c),定义观测矩阵为

$$X_{i,j} = \sqrt{\frac{1}{2}(1-\rho_{i,j})}$$

相关系数矩阵的聚类有些特殊,这里特征和观测数量是相匹配的:我们尝试分类的观测,其本身也是特征(X 矩阵是对称的)。X 矩阵看上去是一个距离矩阵,但其实不是。它仍然是一个观测矩阵,可以在其上进一步计算距离。

对大型矩阵 X,通常最好先用 PCA 来降维。这个想法是用 X 在低维空间的标准化正交投影来替代 X,这里低维空间的维度数目就是 $X's$ 相关系数矩阵中大于 λ_+ 的特征根的数量(参见第 2 章)。这样得到的 NxF 的观测矩阵 $\tilde{X}$ 会有更高的信噪比。

4.4.2 底层聚类

在此阶段,假设我们已经得到一个矩阵来表达在度量空间上的观测结果。该矩阵可能已经按照上一节中的描述进行了计算,或者应用了其他的方法得到。例如,矩阵可以基于随机变量之间的差异信息,这在第 3 章中有详细介绍。接下来,我们讨论底层的聚类算法。一种可能性是在观测矩阵上应用 k-均值算法[一]。尽管 k-均值算法简单且通常有效,但它确实有两个明显的局限性:首先,该算法需要用户设置类集数 K,这不一定是先验最优的。其次,初始阶段是随机的,因此算法的效果也同样是随机的。

为了解决这两个问题,我们需要修改 k-均值算法。第一个修改是引入目标函数,以便我们能找到"最优的 K"。

[一] 另一种可能性是使用层次聚类,这时的底层聚类使用树形图中的距离来最大化分区效果。示例参见 https://ssrn.com/abstract=3512998。

为此，我们选择 Rousseeuw（1987）引入的轮廓系数（silhouette score）。简单回顾一下轮廓系数的定义，对一个给定元素 i 和一个给定的聚类，轮廓系数 S_i 的定义为

$$S_i = \frac{b_i - a_i}{\max\{a_i, b_i\}}; \ i = 1, \cdots, N$$

其中 a_i 是元素 i 和同一类中其他元素的平均距离，b_i 是元素 i 和其最相邻的类中所有元素的平均距离。本质上，这个测度比较类内距离和类间距离。$S_i = 1$ 表示对元素 i 聚类很成功，$S_i = -1$ 则表示不佳。对于给定的一个分区，我们对聚类效果 q 的定义为

$$q = \frac{E[\{S_i\}]}{\sqrt{V[\{S_i\}]}}$$

其中 $E[\{S_i\}]$ 是轮廓系数的均值，$V[\{S_i\}]$ 是轮廓系数的方差。我们所做的第二个修改涉及 k - 均值算法的初始化问题。在底层阶段，我们的聚类算法执行以下操作：首先，评估观测矩阵；其次，执行两层循环。在第一层循环中，我们尝试不同的 $k = 2, \cdots, N$ 对给定的初始化，用 k - 均值方法进行聚类，并计算每次聚类的效果 q。在第二层循环中，多次重复第一层循环，并尝试不同的初始化。最后，通过这两层循环，我们选择 q 值最高的聚类。代码段 4.1 实现了此过程，图 4 - 1 总结了其工作流程。

代码段 4.1　底层聚类

```
import numpy as np,pandas as pd
from sklearn.cluster import KMeans
from sklearn.metrics import silhouette_samples
#------------------------------------------------------
def clusterKMeansBase(corr0,maxNumClusters =10,n_
    init =10):
  x,silh =((1 - corr0.fillna(0))/2.) ** .5,pd.Series()
    #observations matrix
    for init in range(n_init):
      for i in xrange(2,maxNumClusters +1):
      kmeans_ = KMeans(n_clusters =i,n_jobs =1,n_init =1)
      kmeans_ = kmeans_.fit(x)
      silh_ = silhouette_samples(x,kmeans_.labels_)
      stat = (silh_.mean()/silh_.std(),silh.mean()/
         silh.std())
      if np.isnan(stat[1]) or stat[0] > stat[1]:
        silh,kmeans = silh_,kmeans_
  newIdx = np.argsort(kmeans.labels_)
  corr1 = corr0.iloc[newIdx] #reorder rows

  corr1 = corr1.iloc[:,newIdx] #reorder columns
  clstrs = {i:corr0.columns[np.where(kmeans.labels_ =
    = i)[0]].tolist() \for i in np.unique(kmeans.
    labels_)} #cluster members
  silh = pd.Series(silh,index =x.index)
  return corr1,clstrs,silh
```

4 最优聚类

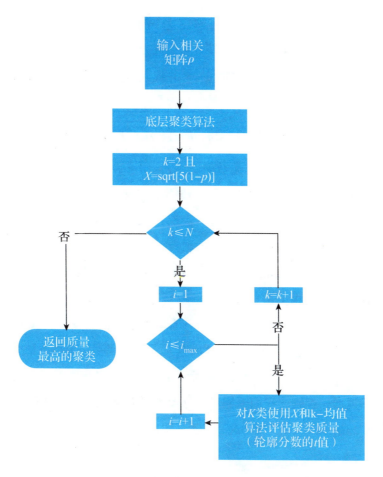

图 4-1 ONC 底层聚类的工作流程

4.4.3 高层聚类

我们对 k - 均值算法的第三个修改,处理的是聚类质量不一致的问题。底层聚类可能会捕获到差异很大的类集,而忽略不太明显的类集。为了解决这个问题，我们首先运行底层聚类算法得到类集，以及其中每个类的质量 q_k，其中 $k = 1, \cdots, K$。然后得到平均质量 $\bar{q}$，并找到聚类质量小于平均值的聚类的集合

$$\{q_k \mid q_k < \bar{q},\ k = 1, \cdots, K\}$$

记该集合中的聚类数量为 K_1，$K_1 < K$。如果聚类数量 $K_1 \leq 1$，则返回底层算法产生的聚类，如果 $K_1 \geq 2$，我们在 K_1 个聚类中的元素上重新运行（高层）聚类算法，而 K 个聚类中其余的聚类被视为可接受的聚类。

K_1 聚类中的元素组成一个新的（简化的）观测矩阵，在这个简化的相关系数矩阵上重新运行底层聚类算法[⊖]，这可能会产生新的聚类。为了评估其有效性，我们比较（对 K_1 中的元素重新聚类）前后的平均聚类质量。如果平均聚类质量提高了，我们将底层聚类接受的聚类和重新产生的聚类组成合集后返回。否则，我们返回底层聚类算法产生的聚类。代码段 4.2 使用 Python 实现了这一步骤，图 4-2 总结了其工作流程。

代码段 4.2　高层聚类

```
from sklearn.metrics import silhouette_samples
#----------------------------------------------------
```

⊖ 从代码上看，此处递归运行高层算法。——译者注

4 最优聚类

```
def makeNewOutputs(corr0,clstrs,clstrs2):
    clstrsNew={}
    for i in clstrs.keys():
        clstrsNew[len(clstrsNew.keys())]=list(clstrs[i])
    for i in clstrs2.keys():
        clstrsNew[len(clstrsNew.keys())]=list(clstrs2
            [i])
    newIdx=[j for i in clstrsNew for j in clstrsNew[i]]
    corrNew=corr0.loc[newIdx,newIdx]
    x=((1-corr0.fillna(0))/2.)**.5
    kmeans_labels=np.zeros(len(x.columns))
    for i in clstrsNew.keys():
        idxs=[x.index.get_loc(k) for k in clstrsNew[i]]
        kmeans_labels[idxs]=i
    silhNew=pd.Series(silhouette_samples(x,kmeans_
        labels),
        index=x.index)
    return corrNew,clstrsNew,silhNew
#------------------------------------------------------
def clusterKMeansTop(corr0,maxNumClusters=None,n_
    init=10):
    if maxNumClusters==None:maxNumClusters=corr0.
        shape[1]-1
    corr1,clstrs,silh=clusterKMeansBase(corr0,
        maxNumClusters=\
        min(maxNumClusters,corr0.shape[1]-1),n_init=n_
            init)
    clusterTstats={i:np.mean(silh[clstrs[i]])/\
        np.std(silh[clstrs[i]]) for i in clstrs.keys()}
```

```python
    tStatMean = sum(clusterTstats.values())/len
        (clusterTstats)
    redoClusters = [i for i in clusterTstats.keys() if \
        clusterTstats[i] < tStatMean]
    if len(redoClusters) <= 1:
        return corr1, clstrs, silh
    else:
        keysRedo = [j for i in redoClusters for j in clstrs
[i]]
        corrTmp = corr0.loc[keysRedo, keysRedo]
        tStatMean = np.mean([clusterTstats[i] for i in
redoClusters])
        corr2, clstrs2, silh2 = clusterKMeansTop(corrTmp, \
            maxNumClusters = min(maxNumClusters, \
            corrTmp.shape[1]-1), n_init = n_init)
# Make new outputs, if necessary
corrNew, clstrsNew, silhNew = makeNewOutputs(corr0, \
    {i: clstrs[i] for i in clstrs.keys() if i not in
    redoClusters}, \clstrs2)
newTstatMean = np.mean([np.mean(silhNew[clstrsNew
    [i]])/\
    np.std(silhNew[clstrsNew[i]]) for i in clstrsNew.
    keys()])
if newTstatMean <= tStatMean:
    return corr1, clstrs, silh
else:
    return corrNew, clstrsNew, silhNew
```

4 最优聚类

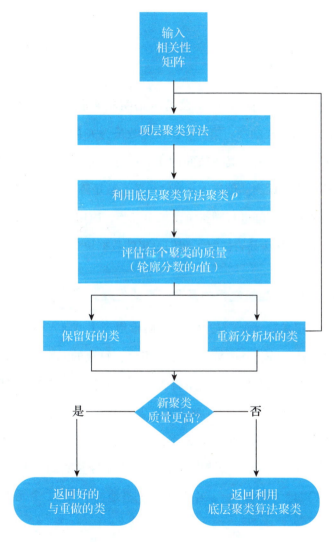

图 4-2 ONC 高层聚类的工作流程

资料来源:López de Prado 和 Lewis (2018)。

4.5 实验结果

现在，我们设计一个蒙特卡洛实验来验证前面介绍的 ONC 算法的准确性：第一步，设定数量为 K 的数据块，其中块内数据的相关性高，块间的相关性低，通过对数据块的随机抽取作为观测，创建 $N \times N$ 的相关系数矩阵 ρ；第二步，对该相关系数矩阵进行随机重洗；第三步，应用 ONC 算法，并验证 ONC 算法是否恢复了我们设定的数据块[一]。

4.5.1 随机块相关系数矩阵的生成[二]

给定参数 (N, M, K)，我们希望产生 $N \times N$ 的随机块相关系数矩阵，其中数据由 K 块组成，每块的元素数量大于等于 M。下面我们描述一下将 N 个元素随机分为 K 个不相交的组，每组数量至少为 M。请注意，这等效于将 $N' = N - K(M-1)$ 个元素随机分为 K 组，每组至少有 1 个元素。因此我们将问题简化为该情况。把元素的标号整数组 (1, …, N' – 1) 记为集合 A，从中随机不重复地抽取 K – 1 个元素作

[一] 感谢 Michael J. Lewis 对进行这项实验所提供的帮助。
[二] 下面描述似等同于将数量 N 的元素随机分成 K 组，每组数量不小于 M。——译者注

为集合 B，添加 N' 后，B 中元素个数为 K。这样，B 包含 $i_1, \cdots, i_k$，其中 $1 \leq i_1 < i_2 < \cdots < i_k = N'$。给定 B，考虑 K 个分区集合 $C_1 = (0, \cdots, i_1 - 1)$，$C_2 = (i_1, \cdots, i_2 - 1)$，$\cdots$，$C_k = (i_{\{K-1\}}, \cdots, i_K - 1)$。因为 i_j 互不相同，所以 C 的每组至少包含一个元素，而且是对集合 $(0, \cdots, N' - 1)$ 的完全分类。这样，当 $j = 1, \cdots, K$，集合 C_j 包含 $i_j - i_{(j-1)}$ 个元素，其中 $i_0 = 0$。我们可以再给每块添加 $M - 1$ 个元素。

记每块的数量为 x_k，$k = 1, \cdots, K$，其中 $x_k \geq M$，这就隐含说明 $x_1 + \cdots + x_K = N \geq MK$。第一步，对每块 k，我们随机产生 T 个独立同分布的标准正态随机序列，复制到大小为 (T, x_k) 的矩阵的每一列。第二步，对这个矩阵的每一个数据 $X_{i,j}$ 加上一个标准差为 σ 的正态随机数。通过这样的设计，当 σ 比较小时，X 的列相关性会大，当 σ 比较大时，X 的列相关性会小。第三步，我们对 X 的列向量计算协方差矩阵 Σ_X，并作为子矩阵填充到总的协方差矩阵 Σ 上。第四步，在 Σ 上加上一个有相对更大 σ 的协方差矩阵。最后，我们导出和 Σ 对应的相关系数矩阵 ρ。

通过这样的构造，ρ 由 K 块组成，其中每块内部相关性高，各块之间相关性低。图 4-3 是这样构造的相关系数矩阵的例子。代码段 4.3 用 Python 实现了这一步骤。

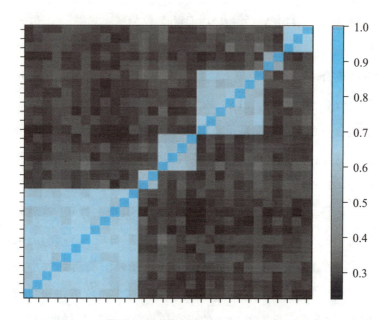

图 4 – 3 随机块相关系数矩阵样例（随机混洗之前）

资料来源：López de Prado 和 Lewis (2018)。

代码段 4.3 随机块相关系数矩阵生成

```
import numpy as np,pandas as pd
from scipy.linalg import block_diag
from sklearn.utils import check_random_state
#------------------------------------------------------
def getCovSub(nObs,nCols,sigma,random_state = None):
    # Sub correl matrix
    rng = check_random_state(random_state)
    if nCols = =1:return np.ones((1,1))
```

```
    ar0 = rng.normal(size = (nObs,1))
    ar0 = np.repeat(ar0,nCols,axis = 1)
    ar0 + = rng.normal(scale = sigma,size = ar0.shape)
    ar0 = np.cov(ar0,rowvar = False)
    return ar0
#------------------------------------------------
def getRndBlockCov( nCols, nBlocks, minBlockSize = 1,
    sigma = 1.,
    random_state = None):
    # Generate a block random correlation matrix
    rng = check_random_state(random_state)
    parts = rng.choice(range(1,nCols - (minBlockSize - 1)
        * nBlocks), \nBlocks - 1,replace = False)
    parts.sort()
    parts = np.append(parts,nCols - (minBlockSize - 1) *
        nBlocks)
    parts = np.append(parts[0],np.diff(parts)) - 1 +
        minBlockSize
    cov = None
    for nCols_ in parts:
      cov_ = getCovSub(int(max(nCols_*(nCols_+1)/2.,
        100)), \nCols_,sigma,random_state = rng)
      if cov is None:cov = cov_.copy()
      else:cov = block_diag(cov,cov_)
    return cov
#------------------------------------------------
def randomBlockCorr( nCols, nBlocks, random _ state =
    None, minBlockSize = 1):
    # Form block corr
    rng = check_random_state(random_state)
```

```
cov0 = getRndBlockCov(nCols,nBlocks,
    minBlockSize = minBlockSize, sigma = .5, random_
    state = rng)
cov1 = getRndBlockCov(nCols,1,minBlockSize =
  minBlockSize,
            sigma =1.,random_state = rng) # add noise
cov0 + = cov1
corr0 = cov2corr(cov0)
corr0 = pd.DataFrame(corr0)
return corr0
```

4.5.2 类的数量

通过上述过程，我们构建随机的 $N \times N$ 相关系数矩阵，其中包含 K 个数据块，并且每块至少有 M 个元素。我们随机混洗相关系数矩阵的行和列，使数据块不再可辨识。然后，检测 ONC 算法在恢复这些数据块的数量和构成时的有效性。对我们的模拟，选择 $N=20，40，80，160$。由于期望每个类至少由两个对象组成，我们设置 $M=2$，并且 $\frac{K}{N} \leqslant \frac{1}{2}$。对于每个 N，我们测试 $K=3，6，\cdots，$ 到 $\frac{N}{2}$。最后，我们对每个参数集测试 1000 次随机数据的分类。

图 4-4 为这些模拟的箱形图。具体来说，对 K/N 的不同分段区间，我们展示了聚类算法对 K 的预测数量（记为 $\mathrm{E}[K]$）和实际数量比值的箱形图。理想情况下，这个比值

应该接近1。结果表明,ONC 算法除了有细小的错误,经常能找到正确的类集的数量。

提醒一下,箱形图的中央框的底部设置在数据25%的分位数($Q1$),顶部为75%的分位数($Q3$)。四分间距(IQR)为 $Q3 - Q1$。中位数为框内的一条线。箱形图的"胡须"向上延长至 $Q3 + 1.5IQR$,向下至 $Q1 - 1.5IQR$。这个区域之外的点被认为是异常点(或称为离群点)。

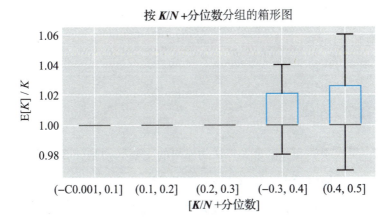

图 4-4 K/N 的估计 K/实际 K 的箱形图

4.6 结论

在本章中,我们研究了通过分区算法确定最佳的类集数量和构成。我们对 k-均值算法做了三个修改:①定义了一个衡量聚类效果的目标函数；②通过遍历多个起始点，解决 k-均值的初始化问题；③通过一个更高层的聚类，在低于平均质量的类集里寻找更好的分区。测试结果表明，对于注入块对角矩阵的类集，这个算法可以有效地提取出它们的数量和构成。

我们将提出的解决方案应用于随机相关系数矩阵，但该方法对其他矩阵也应同样适用。该算法的出发点是一个观测矩阵，可以是基于相关性的度量，也可以是差异信息或者其他某个函数。

4.7 习题

1. 层次聚类和分区聚类算法的输出的主要区别是什么？为什么不能将后者的输出转换为前者的输出？
2. MSCI 的 GICS 分类系统是层次聚类还是分区聚类的样例？在相关矩阵上使用适当的算法，尝试复制 MSCI 分类。使用第 3 章中介绍的聚类距离，对聚类输出和 MSCI 分类进行比较。
3. 修改代码段 4.1 和 4.2，以应用频谱双向聚类。你会得到根本不同的结果吗？提示：请记住，作为相似度矩阵，双

㊀ 只能说降低了最终结果的随机性。——译者注

向聚类算法需要相似性矩阵，而不是距离矩阵。

4. 重复实验分析，这次在 ONC 的底层聚类分析中使用"肘部方法"来选择类集的数量。您是否能稳定地恢复类集的真实数量？为什么？

5. 在第 2 章中，我们使用了不同的方法来构建块对角相关系数矩阵。在该方法中，所有块都具有相同的大小。在常规的块对角矩阵上重复实验分析。您得到更好还是更差的结果？为什么？

金融标注

5.1 动机

在第 4 章我们讨论了聚类，它是一种在特征数据集（X 矩阵）中搜索相似性的技术。聚类是一种无监督学习（unsupervised learning）方法，因为该算法没有通过示例（或称"样例"）进行学习。与此对应，有监督学习（supervised learning）算法借助样例（y 数组）解决任务。有监督学习主要有两种类型的问题：回归（regression）和分类（classification）。在回归问题中，样例是从无限的总体中抽取的，它们可以是可数的（如整数），也可以是不可数的（如实数值）。在分类问题中，样例是从一组有限的标注（可以是类别的或有序的）中抽取的。当取值之间没有内在顺序时，标注代表来自类别变量的观察值，例如男性或女性。当取值之间存在内在顺序时，标注表示来自有序变量的观察值，例如信用等级。实变量可以离散化，变为类别或有序标注。

研究人员需要非常仔细地考虑如何定义标注，因为标注决定了算法将要学习的任务。例如，我们可以训练一种算法来预测股票 XYZ 今天收益的符号（正或负），或者该股票的下一个 5% 的波动是否为正（此情况下，时间跨度可变）。解决这两个任务所需的特征可能非常不同，因为第一个标注涉及某个点预测，而第二个标注涉及与路径相关的事件。例如，某只股票日收益的符号可能是不可预测的，而一只股票反弹的可能性（不限制在某个时间范围内）则可以评估。某些特征无法预测某一特定股票的一种标注，并不意味着它们将无法预测同一股票的其他类型的标注。由于投资者通常并不介意究竟是以这种还是那种方式赚钱，因此值得尝试不同定义标注的方式。在本章中，我们讨论四种重要的标注方法。

5.2 固定区间法

几乎所有有关金融机器学习的学术研究都使用固定区间法来标注。考虑一个具有 I 行的特征变量矩阵 $X, \{X_i\}_{(i=1,\cdots,I)}$，它从一系列（采样）点上采样，这些点的索引为 $t=1,\cdots,T$，其中 $I \leqslant T$。我们计算在区间 h 内的价格收益为

$$r_{t_{i,0}, t_{i,1}} = \frac{pt_{i,1}}{pt_{i,0}} - 1$$

其中 $t_{(i,0)}$ 是与第 i 个观测特征相关联的（采样）点的索引，$t_{(i,1)} = t_{(i,0)} + h$ 是经过固定的 h 个间隔之后的（采样）点的索引。对于任意观测 X_i，此方法以如下规则分配标注 $y_i = \{-1, 0, 1\}$

$$y_i = \begin{cases} -1 & \text{如果 } r_{t_{i,0}, t_{i,1}} < -\tau \\ 0 & \text{如果 } |r_{t_{i,0}, t_{i,1}}| \leq \tau \\ 1 & \text{如果 } r_{t_{i,0}, t_{i,1}} > \tau \end{cases}$$

其中 τ 是预先设定的恒定阈值。当这些点以规则的时间频率采样时，它们被称为时间点（或时间条）。时间点在金融文献中也很受欢迎。时间点与固定区间标注的组合产生固定的时间区间。尽管它很受欢迎，但如下几个理由建议我们尽量避免这种方法。首先，由于证券日内周期性活动模式，在时间点上计算得出的收益表现出明显的异方差性。将恒定阈值 τ 与异方差收益率 $\{r_{t_{i,0}, t_{i,1}}\}_{i=1,\cdots,I}$ 一起应用，会将这种周期性转移到标注上，因此标注的分布将会不平稳。例如，在开盘或收盘时获得为 0 的标注比在中午或晚上获得为 0 的标注更加信息丰富（在预期之外的意义上）。一种解决方案是，在交易刻度（tick）、交易量或成交金额上应用固定区间法（请参阅 López de Prado，2018a）。另一种解决方案是对于区间段 $[t_i, 0, t_i, 1]$ 内的收益通过预测的波动率进行调整，然后根据标准化之后的收益 $z_{t_{i,0}, t_{i,1}}$ 进行标注

$$y_i = \begin{cases} -1 & \text{如果 } z_{t_{i,0},t_{i,1}} < -\tau \\ 0 & \text{如果 } |z_{t_{i,0},t_{i,1}}| \leq \tau \\ 1 & \text{如果 } z_{t_{i,0},t_{i,1}} > \tau \end{cases}$$

固定区间法的第二个让人担忧的点是,它忽略了所有在区间段[t_i, 0, t_i, 1]内的中间收益的信息。这是有问题的,因为仓位(position,或称头寸)通常根据止盈和止损位置来进行管理。例如,在止损的情况下,这些位置可以由投资经理自行设定,或由风险部门强制执行。因此,固定区间标注可能无法代表实际投资的结果。

固定时长法的第三个问题是,投资者很少有兴趣预测在精确的时间点 $t_{i,0} + h$ 上收益是否会超过阈值 τ。更为实用的是,在最大时段 h 内,预测下一个绝对收益率超过阈值 τ 的方向(是正或负)。下面的方法将解决这三个问题。

5.3 三重阻碍法

在金融应用中,一种更现实的方法是让标注反映仓位的成败。投资经理采用的一个典型的交易规则是,持仓直到下面三种可能中的第一种出现:①实现利润目标,成功平仓;②达到亏损限额,因失败而平仓;③虽然没有失败也没有成功,但持仓时间超过最长限制而平仓。在仓位业绩随时间变化的图中,前两个条件定义两个水平阻碍位置,第三个条件定义一个垂直阻碍位置。第一次触及障碍的采样点的索引记录为 $t_{i,1}$。当首先触及止盈位置时,我们将观察值标注为 $y_i = 1$。当首先触及止损线时,我们将观察结果标注为 $y_i = -1$。首先触及垂直阻碍时,我们有两种选择:可以将其标注为 $y_i = 0$,也可以将其标注为 $y_i = \text{sgn}[r_{t_{i,0},t_{i,1}}]$。有关使用 Python 实现三重阻碍法的代码段,请参见 López de Prado(2018a)。

设置止盈和止损位置需要了解与第 i 个观察值相关的仓位方向。当仓位方向未知时,我们仍然可以根据在 $[t_{i,0}, t_{i,0}+h]$ 区间上预测的波动率来设置水平阻碍位置,其中 h 是从 $t_{i,0}$ 开始到触及垂直阻碍的间隔数目。在这种情况下,(水平)阻碍位置将是对称的,因为如果没有仓位方向的附带信息,我们将无法知道哪个阻碍意味着止盈,哪个阻碍意味着止损。

与固定区间法相比,三重阻碍法的一个关键优势在于,它利用了区间 $[t_{i,0}, t_{i,0}+h]$ 内部的路径信息。实际上,投资机会的最大持有期限可以很自然地定义,并且 h 的值并不是主观选取的。这个方法的缺点之一是触及阻碍是离散事件,可能不经常出现。此不足可通过以下方法解决。

5.4 趋势扫描法

在本节中,我们介绍一种新的标注方法,该方法不需要

定义 h 或止盈或止损阻碍位置。其总体思路是识别趋势,并让它们持续运行尽可能长的时间,而不设置任何阻碍。为了做到这一点,我们首先需要定义什么构成趋势。

考虑一系列观测 $\{x_t\}_{t=1,\cdots,T}$,其中 x_t 代表我们将要预测的某个证券的价格。我们希望根据 x_t 是处在下降趋势、无趋势还是上升趋势,对 x_t 中的每个观测分配标注 $y_t \in \{-1, 0, 1\}$。一种可能的做法是,在线性时间趋势模型中计算回归系数 ($\hat{t}_{\hat{\beta}_1}$) 的 t 值 ($\hat{\beta}_1$)

$$x_{t+l} = \beta_0 + \beta_1 l + \varepsilon_{t+l}$$

$$\hat{t}_{\hat{\beta}_1} = \frac{(\hat{\beta}_1)}{\hat{\sigma}_{\hat{\beta}_1}}$$

其中 $\hat{\sigma}_{\hat{\beta}_1}$ 是 $\hat{\beta}_1$ 的标准误差,$l = 0, \cdots, L-1$,L 设置前瞻周期。代码段 5.1 在 L 确定的样本上计算此 t 值。

代码段 5.1　线性趋势的 t 值

```python
import statsmodels.api as sm1
#---------------------------------------------------
def tValLinR(close):
    # tValue from a linear trend
    x = np.ones((close.shape[0],2))
    x[:,1] = np.arange(close.shape[0])
    ols = sm1.OLS(close,x).fit()
    return ols.tvalues[1]
```

不同的 L 取值导致不同的 t 值。为了处理这个不确定性，我们可以尝试一组 L 的可能取值，并从中选择使 $|\hat{t}_{\hat{\beta}_1}|$ 最大化的 L 值。通过这种方式，根据搜寻多个前瞻周期，找到最具统计意义的可在未来被观察到的趋势来标注 x_t。代码段 5.2 使用 Python 实现了此方法。此函数的参数包含 molecule，这是我们希望标注的观测的索引；close，这是一组时间序列 $\{x_t\}$；span，这是搜索 t - 统计量的最大绝对值时，此算法将评估 L 值的集合。输出是一个数据帧（data frame），其中索引是 x_t 的时间戳，t1 列给出用于查找最显著趋势的最远观测的时间戳，tVal 列给出所有评估前瞻期间中最显著的线性趋势的 t 值，bin 列是标注（yt）。

代码段 5.2　趋势扫描方法的实现

```
def getBinsFromTrend(molecule,close,span):
 '''
 Derive labels from the sign of t-value of linear trend
 Output includes:
  - t1: End time for the identified trend
  - tVal: t-value associated with the estimated trend
    coefficient
  - bin: Sign of the trend
 '''
 out = pd.DataFrame(index = molecule,columns = ['t1',
   'tVal','bin'])
 hrzns = xrange(*span)
```

```
for dt0 in molecule:
   df0 = pd.Series()
   iloc0 = close.index.get_loc(dt0)
   if iloc0 + max(hrzns) > close.shape[0]:continue
for hrzn in hrzns:
   dt1 = close.index[iloc0 + hrzn - 1]
   df1 = close.loc[dt0:dt1]
   df0.loc[dt1] = tValLinR(df1.values)
dt1 = df0.replace([-np.inf,np.inf,np.nan],0).abs
   ().idxmax()
out.loc[dt0,['t1','tVal','bin']] = df0.index[-1],df0
   [dt1],np.sign(df0[dt1]) # prevent leakage
out['t1'] = pd.to_datetime(out['t1'])
out['bin'] = pd.to_numeric(out['bin'],downcast = 'signed')
return out.dropna(subset = ['bin'])
```

趋势扫描标注通常很直观，可用于分类以及回归问题。我们在实验结果部分提供了一个样例。

5.5 元标注

金融中的一个普遍现象是，我们往往知道是否要买卖某一特定的证券，但是不确定应该买卖多少。确定仓位方向的模型可能并不是确定该仓位大小的最佳模型。仓位大小可能应该是模型最近表现的一个函数，而模型最近表现与预测仓位方向无关。

拥有一个良好的选择下注大小（bet size）的模型是非常重要的。考虑一种查准率（或称精确度）为60%、召回率（或称查全率）为90%的投资策略。90%的召回率意味着，在100个真实投资机会中，该策略可以预测出其中的90个。60%的查准率意味着，在该策略产生的100个预测的机会中，有60个是正确的。如果对60个真阳性的下注规模较小，而对40个假阳性的下注规模较大，则这种策略将是赔钱的。作为投资者，我们没有对价格的（合法）控制权，我们能够而且必须做出的关键决定是，如何适当地下注。

元标注可用于避免或起码减少投资者遭受假阳性的风险。它通过放弃一些召回率以换取更高的查准率。在上面的示例中，添加元标注层也许可以使召回率达到70%、查准率达到70%，从而提高该模型的F1得分（查准率和召回率的调和平均数）。有关元标注的Python实现，请参见López de Prado（2018a）。

元标注的目的是在一个主模型的预测结果上训练一个辅助模型，其中损失标记为"0"，收益标记为"1"。因此，辅助模型并不预测方向。相反，辅助模型预测的是主模型在某一特定预测（元预测）上是成功的还是失败的。然后，可以使用预测为"1"的概率来确定下注规模，具体步骤如下所述。

5.5.1 根据预期夏普率的下注管理

假设 $\pi>0$，某投资机会产生对称收益，其中 p 是此投资机会产生利润 π 的概率，$1-p$ 是此机会产生利润 $-\pi$（即损失）的概率。此投资机会的预期利润是 $\mu = p\pi + (1-p)(-\pi) = \pi(2p-1)$，方差为 $\sigma^2 = 4\pi^2 p(1-p)$。因此，与此机会相关联的夏普率可以估算为

$$z = \frac{\mu}{\sigma} = \frac{p - \frac{1}{2}}{\sqrt{p(1-p)}}$$

其中 $z \in (-\infty, +\infty)$。假设投资机会的夏普率服从标准高斯分布，我们可以推导出，下注大小 $m = 2Z[z] - 1$，其中 $Z[.]$ 是标准高斯的累积分布函数，而 $m \in [-1, 1]$ 服从均匀分布。

5.5.2 集成下注管理

考虑 n 个元标注分类器 $y_i = \{0, 1\}$，$i = 1, \cdots, n$。它对某一投资机会是否盈利做出二元预测。假设获利的真实概率为 p，而预测 y_i 是从伯努利分布中抽取的，因此

$$\sum_{i=1}^{n} y_i \sim B[n, p]$$

其中 $B[n,p]$ 是概率为 p，试验次数为 n 的二项式分布。假设

这些预测是独立同分布的,则 de Moivre-Laplace 定理指出,当 $n\rightarrow\infty$ 时,$\sum_{i=1}^{n} y_i$ 的分布收敛到均值为 np,方差为 $np(1-p)$ 的高斯分布[一]。因此

$$\lim_{n\rightarrow\infty} \frac{1}{n} \sum_{i=1}^{n} y_i \sim N[p, p(1-p)/n]$$

是 Lindeberg-Lévy 定理的一个特例。

我们将 n 个元标注分类器的平均预测记为 $\hat{p}$。

$$\hat{p} = 1/n \sum_{i=1}^{n} y_i$$

$\hat{p}$ 的标准偏差为

$$\sqrt{\hat{p}(1-\hat{p})/n}$$

在原假设 $H_0: p = \frac{1}{2}$ 的条件下,检验统计量

$$t = \left(\hat{p} - \frac{1}{2}\right) \bigg/ \sqrt{\hat{p}(1-\hat{p})} \sqrt{n}$$

服从具有 $n-1$ 个自由度的学生 t-分布(Student's t-distribution),其中 $t \in (-\infty, +\infty)$。我们可以将下注大小推导为

[一] 趋于高斯分布需要 p 是恒定的,并且不靠近 0 或 1。如果 p 非常接近于 0,但 $np = \lambda$ 是常数,$n\rightarrow\infty$ 时,$B[n, p]$ 趋于参数为 λ 的泊松分布。——译者注

$$m = 2t_{n-1}[t] - 1$$

其中 $t_{n-1}[.]$ 是具有 $n-1$ 个自由度的学生 t—分布的累积分布函数，$m \in [-1, 1]$ 服从一个均匀分布。

5.6 实验结果

在本节中，我们演示如何使用趋势扫描法生成标注。代码段 5.3 生成高斯随机游走，为了强制生成某些拐点，我们向其中添加正弦趋势。这样可以产生凹凸段，使确定趋势变得更加困难。然后，我们调用 getBinsFromTrend 函数，以得到趋势的范围、t 值和标注。

代码段 5.3　测试趋势扫描标注算法

```
df0 = pd.Series(np.random.normal(0,.1,100)).cumsum()
df0 + = np.sin(np.linspace(0,10,df0.shape[0]))
df1 = getBinsFromTrend(df0.index,df0,[3,10,1])
mpl.scatter(df1.index,df0.loc[df1.index].values,
 c = df1['bin'].values, cmap = 'viridis')
mpl.savefig('fig 5.1.png');mpl.clf();mpl.close()
mpl.scatter(df1.index,df0.loc[df1.index].values,c =
 c,cmap = 'viridis')
```

图 5-1 绘制了带有趋势的高斯随机游走,其中区分了四个明显不同的趋势,1 的标注为空心圆,-1 的标注为实心圆。此二分型标注虽然适用于分类问题,但忽略了有关趋势强度的信息。

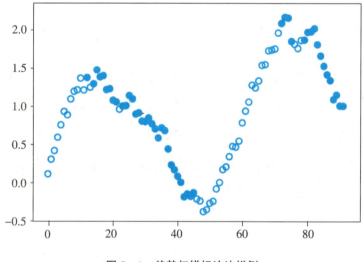

图 5-1 趋势扫描标注法样例

为了纠正这种遗漏,图 5-2 绘制了相同的具有趋势的高斯随机游走,其中颜色表示 t 值的大小。高度正的 t 值以浅蓝色绘制,高度负的 t 值以深蓝色绘制。接近零的正值以白色绘制,接近零的负值以黑色绘制。该信息可用于回归模型,或用作分类问题中的样本权重。

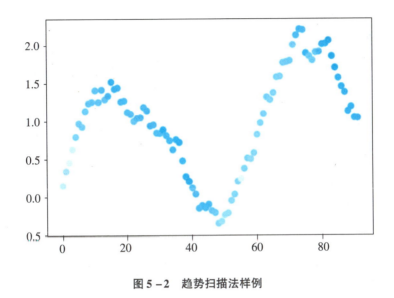

图 5-2 趋势扫描法样例

5.7 结论

在本章中,我们介绍了四种可在金融实际应用中使用的标注方法。尽管在大多数金融领域的研究中都采用了固定区间法,但该方法存在诸多局限性。我们指出,这些限制包括:固定区间标注的分布可能不是平稳的,这些标注不包含路径信息,而且更为实用的是,应该预测接下来收益的绝对值超过某给定阈值时收益的方向。

三重阻碍法通过模拟一个交易规则的结果来回答这些问

题。但是，此种标注方法的一个缺点是触及阻碍位置是离散事件，可能会以很小的概率发生。为了解决这个问题，趋势扫描法通过 p 值来确定前瞻周期中最强的线性趋势及其方向。趋势扫描标注通常很直观，并且可用于分类以及回归问题。最后，元标注方法在仓位的方向已预先确定的应用中很有效，我们仅对于学习仓位的大小感兴趣。适当的下注管理方法，可以通过放弃部分召回率来换取更高的查准率，从而帮助提高策略的绩效。

5.8 习题

1. 基于 E-mini 标普 500 期货的一系列时间序列观测，使用固定区间法在 1 分钟时间条上计算标注，其中设置 τ 为 1 分钟收益率的两倍标准差。

   a. 计算整体标注的分布。

   b. 把多日的数据综合，计算交易时段中每个小时的标注分布。

   c. （b）中的分布与（a）中的分布有何不同？为什么？

2. 重复练习 1，对标准化之后的收益率（而不是原始收益率）进行标注，其中标准化基于回溯 1 小时后的均值和方差估计。有得出不同的结论吗？

3. 重复练习1,这次在成交量数据条(volume bars)[一]上应用三重阻碍法。最大持有期限是平均每天数据条的个数,水平阻碍设置为数据条收益率的两倍标准差。结果与练习1和2的答案相比有何不同?

4. 重复练习1,这次应用趋势扫描法,前瞻期最多为一天。结果与练习1、2和3的答案相比如何?

5. 使用练习3(三重阻碍法)中生成的标注:

   a. 在这些标注上拟合一个随机森林分类器。选择如下指标作为特征:平均收益率、波动率、偏度、峰度和移动平均线的各种差异,等等。

   b. 使用与生成标注相同的规则作为交易规则对这些预测进行回测。

   c. 在回测结果上应用元标记。

   d. 在元标注上重新训练随机森林,并将(a)中预测的标注作为一个额外的特征。

   e. 根据(d)中的预测来确定每次下注的大小,然后重新计算回测。

[一] 成交量数据条,是指使得每个数据条包含固定数量的成交量。——译者注

特征重要性分析

6.1 动机

想象一下，在一个大盒子里面装着十个游戏拼图。每个拼图有一千片，所有这十个拼图的碎片都被混在一起。现在要求您把这十个拼图中的一个拼好。一种合理的方法是将此任务分为两个步骤。第一步，尝试分离出完成任务所需的一千片拼图，把不相关的九千片放到一边。例如，您可能会注意到，这些混在一起的一万片拼图里，大约有十分之一是塑料质地的，其余是纸质的。无论拼图碎片上显示的图案如何，您都知道，丢弃所有纸质碎片将分离出一个（塑料）拼图。第二步，您尝试拼装分离出来的这一千个塑料碎片，例如，您可能会从猜测该拼图有什么图案规律着手，然后一边拼一边摸索。

现在考虑一个研究人员，对某一动态系统建模感兴趣，希望在诸多候选的解释变量上构造一个函数。这些候选变量中只有一小部分是跟问题相关的,但是该研究人员事先并不知道具体是哪些。金融文献中通常采用的方法是,先尝试猜测一个变量子集,然后猜测一个代数函数形式,在这个子集上拟合,并查看哪些变量看起来具有统计显著性(这取决于猜测的代数函数是否正确,以及各变量之间的所有交互作用是否被完全考虑)。这种方法是违反直觉的,因为这些强加的限制条件,很可能会遗漏一些重要的变量,例如,那些只有去掉这些限制才可能揭示其作用的变量。相反,研究人员可以遵循解决拼图问题时采取的步骤:首先,分离出重要的变量,而不论其函数形式如何;然后,才尝试使用这些变量,找出符合这些变量的某些特定的限制或规范(例如函数形式等)。机器学习技术使我们能够将规范搜索与变量搜索分开。

在本章中,我们将展示机器学习为从事理论发展的研究人员提供了一套直观而有效的工具。现在非常流行的一个说法是:有监督机器学习模型是个黑匣子,我们的阐述其实与此恰恰相反。根据所谓的"黑匣子理论",有监督机器学习算法可以找到某些预测规律,但是研究人员对这些发现并不了解。换句话说,该算法学到了一些东西,而研究者却空手而返。这种批评是没有根据的。

即使有监督机器学习算法不能得到封闭代数解(例如,回归方法是有解析解的),对其预测的分析也可以告诉我们,哪些变量对某个特定现象是非常关键的,哪些变量是多余的，哪些变量是毫无用处的，以及相关的变量是如何交互的。这种分析称为"特征重要性"，想要充分利用这种分析的特征，就需要运用我们在前几章中学到的所有知识。

6.2 p 值

经典回归分析的框架对拟合模型做出了许多假设，例如正确的模型形式、彼此不相关的回归变量和白噪声残差等。在这些假设成立的前提下，研究人员通过假设检验确定解释变量的重要性[一]。一种流行的用来表达某个变量重要性的方法是其 p 值，该概念可以追溯到 18 世纪（Brian 和 Jaisson，2007）。p 值用于衡量，如果与该变量关联的真实系数为零，我们可以获得现有或更极端的估计结果的概率，它显示了数据与指定的统计模型的不兼容性。但是，p 值无法衡量原假设或备择假设都不成立的概率，或数据是随机的概率。另外，p 值不能衡量某个效用的大小，或某个结果的显著性[二]。p 值的滥用非常普遍，以致美国统计协会（American Statistical Association）不鼓励继续将其作为统计显著性的衡量标准

[一] 一些显著性检验还要求残差服从高斯分布。

[二] 有关 p 值的更详细的信息，请阅读美国统计协会"有关统计显著性和 p 值的声明"（Wasserstein 和 Lazar，2016）。

(Wasserstein 等，2019)。这使人们对数十年来的金融实证研究产生了怀疑。为了寻找 p 值的替代方案，首先我们必须了解一些它的陷阱。

6.2.1 p 值的一些缺陷

p 值的第一个缺陷是它们依赖于前面提到的非常强的假设。当这些假设不正确时，即使系数的真实值为零，p 值也可能较低（即错误肯定，或假阳性）；即使系数的真实值不为零，p 值也可能较高（即错误否定，或假阴性）。

p 值的第二个不足是，对于高度复共线性（彼此相关）的解释变量，p 值无法可靠地被估算。在复共线性系统中，传统的回归方法无法在一组冗余的解释变量中做出区分，从而导致这些冗余变量的 p 值之间有替代效应。

p 值的第三个不足是，它们所评估的概率不完全是我们关心的。给定原假设 H_0 和系数的估计值 $\hat{\beta}$，p 值估计的是，在 H_0 为真的情况下，获得等于或比 $\hat{\beta}$ 更极端的结果的概率。然而，研究人员通常对另一个概率更感兴趣，即在观察到 $\hat{\beta}$ 的情况下，H_0 为真的概率。该概率可以通过贝叶斯定理来计算，不过，是以做出其他假设（贝叶斯先验分布）为代价的⊖。

⊖ 我们将在 8.2 节中对此继续讨论。

p 值的第四个缺陷是，它仅仅评估了样本内的显著性。整个样本用于解决两个任务：估计系数并确定其重要性。因此，对于没有样本外解释性（即预测）的变量，p 值是有可能较低的（即统计显著的）。在同一个数据集上多次进行样本内统计检验⊖很可能会得到错误的发现，这种做法称为 p 值操纵。

总而言之，p 值要求我们做许多假设（第一个不足），以便对我们并不是真正需要的某个概率（第三个不足）做出一个噪声很大的估计（第二个不足），并且这个估计很可能无法推广到样本外（第四个不足）。这些担心并不是多余的。从理论上讲，经典方法的主要优势在于，它们在解释变量之间提供了透明的重要性归因。但由于经典归因在实践中有很多不足，也许经典方法可以借助现代计算技术来克服这些缺陷。

6.2.2 数值示例

考虑一个随机二分类问题，共涉及 40 个特征，其中 5 个特征是有信息性的（即，对二分问题产生实际影响的），30 个是冗余的特征，还有 5 个是噪声。代码段 6.1 实现了 getTestData 函数，该函数生成有信息的、冗余的和噪声特征。

⊖ 而且仅仅从诸多检验中找出统计显著的结果。——译者注

有信息性的特征（以"I_"为前缀）用于生成标注。冗余特征（标有"R_"前缀）是通过随机选取有信息的特征并叠加高斯噪声而形成（sigmaStd 的值越低，替代效果越强）。噪声特征（标有"N_"前缀）是那些不用于生成标注的特征。

图6-1 绘制了对这些特征进行逻辑回归（logit or logistic regression）得到的 p 值。水平柱状图显示 p 值，垂直虚线表示 5% 的显著性水平。在 35 个非噪声特征中，只有 4 个被认为具有统计显著性：I_1、R_29、R_27、I_3。噪声特征被

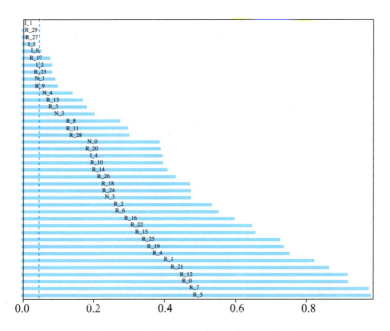

图 6-1　在一组解释变量上计算的 p 值

排在相对重要的位置（位置是9、11、14、18和26）。重要性排在最后的特征中有14个并不是噪声。简而言之，这些 p 值并没有描绘出真实的情况，其原因已经在前面解释过了。⊖

不幸的是，金融数据集往往具有高度多重共线性。这是由于投资领域中大量证券被共同的风险因子所影响而造成的，这些因子包括市场、行业/板块、评级、价值、动量、质量、久期等。在这种情况下，金融研究人员应不再完全依赖 p 值。因此，对于金融研究人员来说，熟悉 p 值以外的方法，来确定在某特定现象中哪些变量含有信息，就显得非常重要。

代码段6.1　生成一组有信息的、冗余的、噪声可解释的变量

```
def getTestData(n_features =100,n_informative =25,n_
  redundant =25,
  n_samples =10000,random_state =0,sigmaStd = .0):
  # generate a random dataset for a classification problem
  from sklearn.datasets import make_classification
  np.random.seed(random_state)
  X,y = make_classification(n_samples =n_samples,
    n_features =n_features – n_redundant,
```

⊖ 作者在前文刚刚指出了 p 值只能用来描述某一变量是否有效果，其系数估计是否统计显著的不同于0，而不能衡量该变量效果的强弱。但很遗憾，作者此处在不经意间又把 p 值等同或近似等同于效果的强弱。——译者注

```
      n_informative = n_informative, n_redundant = 0,
        shuffle = False,
      random_state = random_state)
  cols = ['I_' + str(i) for i in xrange(n_informative)]
  cols + = ['N_' + str(i) for i in xrange(n_features - n_
      informative - \n_redundant)]
  X,y = pd.DataFrame(X,columns = cols),pd.Series(y)
  i = np.random.choice(xrange(n_informative),size = n_
      redundant)
  for k,j in enumerate(i):
      X['R_' + str(k)] = X['I_' + str(j)] + np.random.normal
        (size = \X.shape[0]) * sigmaStd
  return X,y
#---------------------------------------------------
import numpy as np,pandas as pd,seaborn as sns
import statsmodels.discrete.discrete_model as sm
X,y = getTestData(40,5,30,10000,sigmaStd = .1)
ols = sm.Logit(y,X).fit()
```

6.3 变量重要性

在本节中,我们研究机器学习中两种衡量变量重要性的方法,它们利用科学计算的技术,以最少量的假设来解决 p 值的不足。机器学习的解释性方法的其他样例包括累积局部效应(ALE,Apley 2016)和 Shapley 值(也称夏普利值,Štrumbelj,2014)。

6.3.1 平均不纯度减少

假设有一个大小为 N 的学习样本，由 F 个特征组成，$\{X_f\}_{f=1,\cdots,F}$，每个观察值有一个标注。基于树的分类（或回归）算法在每个节点 t 处将其标注拆分为两个样本：对于给定的特征 X_f，在节点 t 中与阈值 τ 以下的 X_f 相关联的标注被放置在左侧样本中，其余的则放在右侧的样本中。对于每一个样本，我们可以通过不同方法来评估其不纯度，例如，用标注分布的熵，或者用基尼系数，或遵循其他标准。直观地，当一个样本仅包含一种标注时，它是最纯净的；而当其标注遵循均匀分布时，则是最不纯的。一个划分产生的信息增益是根据不纯度的减少来衡量的，

$$\Delta g[t,f] = i[t] - \frac{N_t^{(0)}}{N_t} i\left[t^{(0)}\right] - \frac{N_t^{(1)}}{N_t} i\left[t^{(1)}\right]$$

其中，$i[t]$ 是在节点 t（分割前）标注的不纯度，$i[t^{(0)}]$ 是左侧样本中标注的不纯度，而 $i[t^{(1)}]$ 是右侧样本中标注的不纯度。对于 $\{X_f\}_{f=1,\cdots,F}$ 中的各个特征，分类算法在每个节点 t 评估 $\Delta g[t,f]$ 的值，并选取最佳阈值 τ 来最大化每个 $\Delta g[t,f]$，并选择与最大 $\Delta g[t,f]$ 相对应的特征 f。该分类算法继续将样本进一步划分，直到无法获得额外的信息增益，或者满足某些提前停止条件，例如不纯度含量低于某最大可接受的极限。

6 特征重要性分析

一个特征的重要性可以计算为，选择了该特征的所有节点上信息增益（$\Delta g[t, f]$）的加权平均。这种基于树的特征重要性概念是由 Breiman（2001）提出的，被称为平均不纯度减少（MDI）。由其构造形式决定，每个特征的 MDI 值在 0 和 1 之间，并且所有 MDI 的总和为 1。如果存在 F 个特征，这些特征都不含有信息（或都含有等同的信息），则每个特征的 MDI 值应为 $1/F$。对于组合集成树的算法，例如随机森林，我们可以进一步估计所有树中每个特征的 MDI 值的均值和方差。这些均值和方差的估计，结合中心极限定理，对某些特征做显著性检验（基于用户定义的某个原假设）时很有用。代码段 6.2 实现了一个集成 MDI 的过程。有关如何使用 MDI 的实用建议，请参见 López de Prado（2018a）。

代码段 6.2　集成 MDI 方法的实现

```
def featImpMDI(fit,featNames):
  # feat importance based on IS mean impurity reduction
  df0 ={i:tree.feature_importances_ for i,tree in \
    enumerate(fit.estimators_)}
  df0 =pd.DataFrame.from_dict(df0,orient ='index')
  df0.columns = featNames
  df0 =df0.replace(0,np.nan) #because max_features =1
  imp =pd.concat({'mean':df0.mean(),
    'std':df0.std()*df0.shape[0] ** -.5},axis =1)
  #CLT
```

```
  imp/=imp['mean'].sum()
  return imp
#---------------------------------------------------
from sklearn.tree import DecisionTreeClassifier
from sklearn.ensemble import BaggingClassifier
X,y=getTestData(40,5,30,10000,sigmaStd=.1)
clf=DecisionTreeClassifier(criterion='entropy',max
  _features=1,
    class_weight='balanced',min_weight_fraction_leaf=0)
clf = BaggingClassifier ( base _ estimator = clf, n _
  estimators=1000,
  max_features=1.,max_samples=1.,oob_score=False)
fit=clf.fit(X,y)
imp=featImpMDI(fit,featNames=X.columns)
```

我们将 MDI 应用于图 6-1 中讨论过的同一个随机分类问题，图 6-2 绘制了应用结果。水平柱状图表示一个随机森林中 1000 棵树上的 MDI 值的平均值，（深蓝色）线条则表示围绕该平均值的标准差。我们添加到森林中的树越多，则围绕平均值的标准差就越小。MDI 在所有非噪声特征（有信息的或冗余的）上做得很好，它们的排位都高于噪声特征。尽管如此，少数的非噪声特征似乎比其他特征更为重要。这是在有冗余特征时我们期望发现的替代效果。第 6.5 节提出了针对这一特殊问题的解决方案。

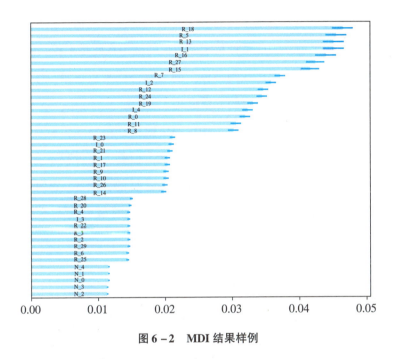

图 6-2 MDI 结果样例

在 p 值的四个不足中，MDI 方法处理了其中的三个：①MDI 从计算出发的特性，规避了对分布做很强以至谬误的假设的需要（第 1 个不足）——我们并未强加某一个特定的树结构或代数形式，或依赖于残差的随机或分布特征。②尽管 beta 是在单一样本上估算的，但集成 MDI 是从树的自助抽样（bootstrap）中得出的。因此，通常我们可以通过增加集成方法中树的数量来减少 MDI 估计值的方差，特别是在随机森林方法中（第二个不足）。这减少了因过拟合导致的假阳性的可能。另外，与 p 值不同，MDI 的估算不需要对可能病态的矩阵进行求逆。③基于树的分类器的目的并不是估计给定代数方程的系数，因此估计特定原假设的概率在此是不相关的。换句话说，MDI 通过找到整体上的重要特征来校正第三个不足，而不考虑任何特定的参数形式。

当树的数量足够多时，MDI 的集成估计将显示出较低的方差，因此减少了对 p 值操纵的担忧。但是，该过程本身仍不涉及交叉验证。MDI 也是在样本内计算的，因此，MDI 不能完全解决的 p 值的第四点不足。为了面对最后这点不足，我们需要引入平均准确度减少的概念。

6.3.2 平均准确度减少

p 值和 MDI 共有的一个缺点是，对于解释目的（样本内）而言似乎很重要的变量可能与预测目的（样本外）无关。为了解决这个问题（第 4 个不足），Breiman（2001）引入了平均准确度减少（MDA）方法㊀。

MDA 的工作原理如下：首先，拟合一个模型并计算该模型交叉验证的性能；然后，计算相同拟合模型的交叉验证性能，唯一的不同之处在于，我们将其中一个特征的观测值洗牌一样随机排列。这为我们提供了每个特征经过修正的交叉验证的表现。最后，通过计算随机排列前后的交叉验证性能

㊀ 有时也称为置换重要性（permutation importance）。

的差值，我们可以得到任一特征的 MDA。只要这些特征是彼此独立的，如果一个特征很重要，则对其随机混洗就会导致交叉验证性能显著下降。MDA 的一个重要属性，像集成 MDI 一样，它并不是单个估计的结果，而是多个估计的平均值（在 k 折交叉验证中的每个测试集上都有一个估计值）。

当特征并不是彼此独立时，MDA 可能会低估相互关联的那些特征的重要性。在极端情况下，给定两个非常重要但相同的特征，MDA 可能会得出以下结论：这两个特征都相对不重要，因为对一个特征进行随机排列造成的影响可以部分由另一个特征来补偿。我们将在 6.5 节中解决此问题。

MDA 的值不是有界的，并且当一个特征不仅仅是无信息的，甚至提供有害的影响时，对此特征进行随机排序可能会提高交叉验证的性能。由于 MDA 涉及交叉验证的步骤，因此该方法在计算上可能会很昂贵。代码段 6.3 实现了 MDA。有关如何使用 MDA 的实用建议，请参阅 López de Prado (2018a)。

代码段 6.3 MDA 的实现

```
def featImpMDA(clf,X,y,n_splits =10):
 # feat importance based on OOS score reduction
 from sklearn.metrics import log_loss
 from sklearn.model_selection._split import KFold
 cvGen = KFold(n_splits = n_splits)
 scr0,scr1 = pd.Series(),pd.DataFrame(columns = X.
   columns)
```

```python
    for i,(train,test) in enumerate(cvGen.split(X = X)):
        X0,y0 = X.iloc[train,:],y.iloc[train]
        X1,y1 = X.iloc[test,:],y.iloc[test]
        fit = clf.fit(X = X0,y = y0) #the fit occurs here
        prob = fit.predict_proba(X1) #prediction before
            shuffling
        scr0.loc[i] = - log_loss(y1,prob,labels = clf.
            classes_)
        for j in X.columns:
            X1_ = X1.copy(deep = True)
            np.random.shuffle(X1_[j].values) #shuffle one
                column
            prob = fit.predict_proba(X1_) #prediction after
                shuffling
            scr1.loc[i,j] = - log_loss(y1,prob,labels = clf.
                classes_)
    imp = ( -1 * scr1).add(scr0,axis = 0)
    imp = imp/( -1 * scr1)
    imp = pd.concat({'mean':imp.mean(),
        'std':imp.std() * imp.shape[0] ** - .5},axis =1) #CLT
    return imp
#---------------------------------------------------------
X,y = getTestData(40,5,30,10000,sigmaStd = .1)
clf = DecisionTreeClassifier(criterion = 'entropy',max
    _features =1,
    class_weight ='balanced',min_weight_fraction_leaf =0)
clf = BaggingClassifier ( base _ estimator = clf, n _
    estimators =1000,
    max_features =1.,max_samples =1.,oob_score = False)
imp = featImpMDA(clf,X,y,10)
```

6 特征重要性分析

图 6-3 描绘了将 MDA 应用于图 6-2 中讨论的同一个随机分类问题的结果，我们可以得出与 MDI 示例中类似的结论。首先，在将噪声特征与其余特征分开方面，MDA 总体上做得很好。噪声特征排在最后。其次，噪声特征的影响大小也被认为是不重要的，它们的 MDA 值基本上为零。最后，尽管替代效应会导致 MDA 重要性的方差更高，但没有一个高到足以质疑非噪声特征的重要性。

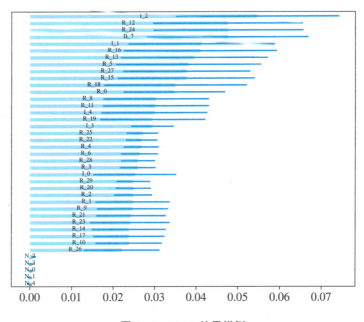

图 6-3 MDA 结果样例

尽管名称如此，MDA 并不一定要依靠准确性来评估交叉验证的性能。完全可以通过其他性能指标来计算 MDA。实际上，在金融这一特定领域，准确性并不是一个特别好的选择。原因是，准确性根据正确预测的比例来评估一个分类器。这样做的缺点是没有考虑概率。例如，一个分类器可以实现高精度，即使该分类器以低置信度做出好的预测，而以高置信度做出不好的预测。在 6.4 节中，我们将介绍一个评分函数来解决此问题。

6.4 概率加权准确度

在金融应用中，对数损失（也称为交叉熵损失）是准确度的一个很好的替代选择。对数损失根据真实标注的对数似然函数的平均值来对分类器评分（有关正式定义，请参阅 López de Prado，2018a，9.4 节）。但是，对数损失打分的缺点之一是不容易解释和比较。一种可能的解决方案是，计算真实标注的似然函数的平均值的负值（NegAL）

$$\text{NegAL} = -N^{-1}\sum_{n=0}^{N-1}\sum_{k=0}^{K-1} y_{n,k} p_{n,k}$$

其中 $p_{n,k}$ 是与标注 k 的预测 n 相关的概率，$y_{n,k}$ 是一个指示函数，$y_{n,k} \in \{0, 1\}$

$$y_{n,k} = \begin{cases} 1, & \text{当分配标注 } k \text{ 给观测 } n \\ 0, & \text{其他情况} \end{cases}$$

这与对数损失非常相似,不同之处在于它对似然函数进行平均,而不是对数似然平均,因此 NegAL 仍在 0~1 之间。

另外,我们可以定义概率加权准确度(PWA)[一]为

$$\text{PWA} = \sum_{n=0}^{N-1} y_n(p_n - K^{-1}) \bigg/ \sum_{n=0}^{N-1} (p_n - K^{-1})$$

其中 $p_n = \max_k \{p_{n,k}\}$,y_n 是一个指标函数

$$y_n = \begin{cases} 1, & \text{当预测正确} \\ 0, & \text{其他情况} \end{cases}$$

当分类器对每个预测都具有绝对信念时(对于所有 n 都有 $p_n = 1$),这等效于标准的准确度。对于具有高置信度的错误预测,PWA 的惩罚要比普通准确度更重,但比对数损失要轻。

6.5 替代效应

当两个特征共享预测信息时,就会产生替代效应。替代效应可能会使特征重要性方法的结果产生偏差。在 MDI 的情况下,两个相同特征的重要性将减半,因为它们将以相等的概率被随机选择。在 MDA 的情况下,即使它们是至关重要

[一] PWA 的想法是与我的同事 Lee Cohn、Michael Lock 和 Zeng Yaxiong 共同合作的结果。

的，两个相同的特征也可能被认为是相对不重要的，因为对一个特征随机排序的效果可能会被另一个特征来补偿。

6.5.1 正交化

当一些特征高度相关时，就很难以稳健的方式判断其重要性。观测值的细微变化可能会对其估计的重要性产生巨大影响。但是，这种影响并非是随机的：给定两个高度相依赖的特征，其中一个特征重要性的降低被另一个特征重要性的提高所补偿。换句话说，在评估特征的重要性时，相依赖性会导致替代效应。

复共线性的一种解决方案是在特征上应用主成分分析（PCA），推导出它们的正交主成分，然后在这些主成分上运行 MDI 或 MDA（有关更多详细信息，请参阅 López de Prado，2018a，第 8 章）。以这种方式正交化的特征可能对替代效应更具稳健性，但有以下三个不足：①有信息的特征的非线性组合产生的冗余特征仍将导致替代效应；②主成分可能没有直观的解释；③主成分由特征向量决定，不一定能最大化模型的样本外表现（Witten 等，2013）。

6.5.2 聚类特征重要性

在不需要基底变换的情况下，一个更好的方法是将相似的特征聚类，并在类集层应用特征重要性分析。通过聚类构造，各个类彼此不同，因此可以削弱替代效应。由于分析是在特征的划分上进行的，无须基底变换，因此得出的结果通常是直观的。

我们现在介绍一种实现该想法的算法。聚类特征重要性（CFI）算法涉及两个步骤：①找出特征聚类的数量和组成；②将特征重要性分析应用于一组相似的特征而不是单个特征。

步骤1：特征聚类

首先，我们将观察到的特征投影到度量空间中，从而得出矩阵 $\{X_f\}_{f=1,\cdots,F}$。为了得到这个矩阵，一种可能性是遵循第4.4.1节中描述的基于相关性的方法。另一种可能性是应用信息论的概念（例如差异信息，请参见第3章）来表示度量空间中的那些特征。信息论度量的优势在于，即使对于由有信息特征的非线性组合构成的冗余特征，依然可以识别⊖。

其次，我们采用某一方法来确定类的最佳数目和组成，例如ONC算法（请参见第4章）。回忆一下，ONC方法会找到最佳数量的类以及这些类的组成，其中每个特征都属于且仅属于一个类。属于同一个类的特征共享大量信息，而属于

⊖ 有关使用信息论距离度量进行特征聚类的示例，请参见https：//ssrn.com/abstract=3517595。

不同类的特征仅共享相对少量的信息。

当一个特征是多个跨类的特征的组合时，某些轮廓系数可能较低。这是一个问题，因为 ONC 无法将一个特征分配给多个类。在这种情况下，下面的变换可能有助于减少系统的复共线性。

对于每个类，$k=1,\cdots,K$，用残差特征替换该类中已包含的那些特征，其中那些残差特征不含有类 k 以外的特征所包含的信息。确切地说，令 D_k 为类 k 中特征的索引集合 $D = \{1,\cdots,F\}$ 的子集，其中

$D_k \subset D$

$\|D_k\| > 0, \forall\ k$

$D_k \cap D_l = \varnothing, \forall\ k \neq l$

$\cup_{k=1}^{K} D_k = D$

然后，对于任何一个给定特征 X_i，$i \in D_k$，我们通过拟合如下公式来计算残差特征 $\hat{\varepsilon}_i$

$$X_{n,i} = a_i + \sum_{j \in \{\cup_{l<k} D_l\}} \beta_{i,j} X_{n,j} + \varepsilon_{n,j}$$

其中 $n=1,\cdots,N$ 是每个特征的观测值的索引。

如果上述回归的自由度太低，一种做法是使用每个类内的特征的线性组合作为回归变量（例如，遵循最小方差加权方案），因此仅需要估计 $K-1$ 个 beta（即回归系数）。最小二乘法残差的特性之一是它们与回归变量是正交的。因此，

6 特征重要性分析

通过用残差 $\hat{\varepsilon}_i$ 来替换每个特征 X_i，我们从类 k 中删除了已经包含在其他类中的信息，同时保留了只是属于类 k 的信息。当然，如果轮廓系数清楚地表明特征分别属于它们各自的类，则无须进行此变换。

步骤2：聚类重要性

步骤1确定了由这些特征聚类的数量和类的组成。基于此信息我们将 MDI 和 MDA 应用于相似特征的组而不是单个特征。在下文中，我们假设某个划分算法已经对特征进行了聚类，但是这种聚类特征重要性的概念也可以应用于分层聚类。

聚类 MDI

正如我们在 6.3.1 节所述，一个特征的 MDI 是在选择了该特征的所有节点上加权不纯度的减少量。聚类 MDI 是为构成该类的所有特征的 MDI 值的总和。如果每个类有一个特征，则 MDI 和聚类 MDI 相同。如果有一组树的集合，则每个树都有一个聚类 MDI，这使我们能够计算聚类 MDI 的均值和围绕聚类 MDI 均值的标准差，这与特征 MDI 非常类似。代码段 6.4 实现了估算聚类 MDI 的过程。

代码段 6.4　聚类 MDI

```
def groupMeanStd(df0,clstrs):
    out=pd.DataFrame(columns=['mean','std'])
```

```
    for i,j in clstrs.iteritems():
        df1 = df0[j].sum(axis = 1)
        out.loc['C_' + str(i),'mean'] = df1.mean()
        out.loc['C_' + str(i),'std'] = df1.std() * df1.shape
            [0] ** -.5
    return out
#------------------------------------------------------
def featImpMDI_Clustered(fit,featNames,clstrs):
    df0 = {i:tree.feature_importances_ for i,tree in \
        enumerate(fit.estimators_)}
    df0 = pd.DataFrame.from_dict(df0,orient ='index')
    df0.columns = featNames
    df0 = df0.replace(0,np.nan) #because max_features =1
    imp = groupMeanStd(df0,clstrs)
    imp /= imp['mean'].sum()
    return imp
```

聚类 MDA

一个特征的 MDA 是计算对该特征随机排序前后算法的性能差异。在计算聚类 MDA 时，我们不是一次重新随机排序一个特征，而是对给定类里的所有特征随机排序。如果每个特征都独立成为一个类，则 MDA 和聚类 MDA 相同。代码段 6.5 实现了估算聚类 MDA 的过程。

代码段 6.5 聚类 MDA

```
def featImpMDA_Clustered(clf,X,y,clstrs,n_splits =
10):
  from sklearn.metrics import log_loss
  from sklearn.model_selection._split import KFold
  cvGen = KFold(n_splits = n_splits)
  scr0,scr1 = pd.Series(),pd.DataFrame(columns =
    clstrs.keys())
  for i,(train,test) in enumerate(cvGen.split(X = X)):
    X0,y0 = X.iloc[train,:],y.iloc[train]
    X1,y1 = X.iloc[test,:],y.iloc[test]
    fit = clf.fit(X = X0,y = y0)
    prob = fit.predict_proba(X1)
    scr0.loc[i] = -log_loss(y1,prob,labels = clf.classes_)
    for j in scr1.columns:
      X1_ = X1.copy(deep = True)
      for k in clstrs[j]:
        np.random.shuffle(X1_[k].values) #shuffle cluster
      prob = fit.predict_proba(X1_)
      scr1.loc[i,j] = -log_loss(y1,prob,labels = clf.
        classes_)
  imp = (-1 * scr1).add(scr0,axis = 0)
  imp = imp/(-1 * scr1)
  imp = pd.concat({'mean':imp.mean(),
    'std':imp.std() * imp.shape[0] ** -.5},axis = 1)
  imp.index = ['C_' + str(i) for i in imp.index]
  return imp
```

6.6 实验结果

在本实验中,我们测试聚类 MDI 和 MDA 方法(请参见第 6.3.1 和 6.3.2 节),所使用的数据集和测试非聚类 MDI 和 MDA 的版本一样。该数据集包含 40 个特征,其中 5 个是有信息的,30 个是冗余的,5 个是噪声。首先,我们将 ONC 算法应用于这些特征的相关矩阵㊀。在非实验环境中,如第 2 章所述,研究人员应在聚类之前对相关矩阵进行降噪和降调。我们在本实验中不这样做,因为要测试该方法的稳健性(预计降噪和降调后的结果会更好)。

图 6-4 显示 ONC 方法正确识别出有 6 个相应的类集(每个有信息的特征属于一个类,再加上一个噪声特征的类),并且将冗余特征分配给相对应的类,该类包含派生出这些冗余特征的有信息的特征。鉴于类之间的相关性较低,因此无须用残差替换这些特征。代码段 6.6 实现了此样例。

㊀ 作为一个练习,我们要求读者使用归一化差异信息计算对特征进行投影,并对该投影后的度量使用 ONC。

6 特征重要性分析

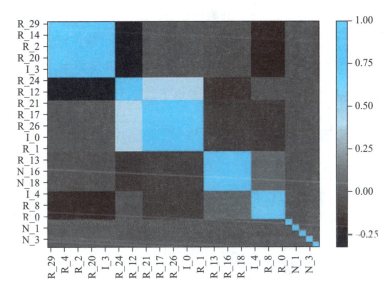

图 6-4 ONC 方法将有信息的和冗余的特征成功聚类

代码段 6.6 特征聚类步骤

```
X,y = getTestData(40,5,30,10000,sigmaStd = .1)
corr0, clstrs, silh = clusterKMeansBase ( X. corr ( ),
 maxNumClusters = 10,
 n_init = 10)
sns.heatmap(corr0,cmap = 'viridis')
```

接下来，我们在该数据集上应用聚类 MDI 的方法。图 6-5 显示了聚类 MDI 输出，我们可以将其与图 6-2 中非聚类的输出进行比较。"C_"前缀表示类，而"C_5"是与噪声特征关联的类。聚类特征"C_1"的重要性倒数第二，但其重要性是"C_5"的两倍以上。这与我们在图6-2中看到的相反,在图6-2中,噪声特征和一些非噪声特征之间的重要性存在微小差异。因此,聚类 MDI 方法看来比标准 MDI 方法更有效。代码段6.7显示了如何计算这些结果。

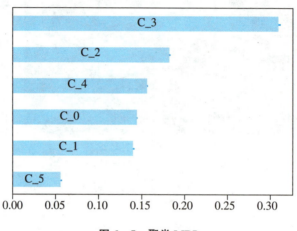

图6-5 聚类 MDI

代码段 6.7 调用聚类 MDI 函数

```
clf = DecisionTreeClassifier(criterion = 'entropy',max
  _features = 1,
  class_weight = 'balanced',min_weight_fraction_leaf = 0)
clf = BaggingClassifier ( base _ estimator = clf, n _
  estimators = 1000,
  max_features = 1.,max_samples = 1.,oob_score = False)
fit = clf.fit(X,y)
imp = featImpMDI_Clustered(fit,X.columns,clstrs)
```

最后，我们在该数据集上应用聚类 MDA 方法。图 6-6 显示了聚类 MDA 的输出，我们可以将其与图 6-3 中非聚类 MDA 的输出进行比较。同样，"C_5"是与噪声特征关联的类，而其他类与有信息的和冗余的特征关联。该分析得出了两个正确的结论：①"C_5"的重要性基本为零，应将其视为无关紧要而丢弃；②所有其他类的重要性非常相似。这与我们在图 6-3 中看到的相反，在图 6-3 中，即使考虑了平均值的标准误差，某些非噪声特征似乎也比其他特征更为重要。代码段 6.8 显示了如何计算这些结果。

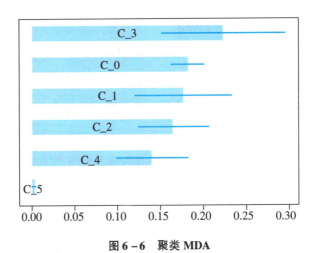

图 6-6 聚类 MDA

代码段 6.8 调用聚类 MDA 函数

```
clf = DecisionTreeClassifier(criterion = 'entropy', max
  _features = 1,
```

```
class_weight='balanced',min_weight_fraction_leaf=0)
clf = BaggingClassifier ( base _ estimator = clf, n _
  estimators =1000,
  max_features =1.,max_samples =1.,oob_score =False)
imp =featImpMDA_Clustered(clf,X,y,clstrs,10)
```

6.7 结论

大多数研究人员使用 p 值评估解释变量的重要性。但是，正如我们在本章中所看到的，p 值有四个主要缺陷。机器学习提供了特征重要性方法，可以克服大多数或所有这些缺陷。

MDI 和 MDA 方法可以稳健地评估特征的重要性，而无须对数据的分布和结构做出很强的假设。与 p 值不同，MDA 在交叉验证的实验中评估特征的重要性。此外，与 p 值不一样，聚类 MDI 和聚类 MDA 估计有效地控制了替代效应。但是，与经典的显著性分析不同，MDI 和 MDA 的最显著的优势可能是，这些机器学习技术不管特定的规范形式如何，都可以评估一个特征的重要性。这样，它们提供了对一个理论的发展极为有用的信息。一旦研究人员知道某种现象所涉及的变量，就可以集中精力寻找将它们绑定在一起的机制或规范。

这意味着经典的统计方法（例如回归分析）不一定比机

器学习方法更具透明度或洞察力。"机器学习工具是黑匣子，传统工具是白匣子"的看法是错误的。机器学习特征重要性的方法不仅可以像 p 值一样有用，而且在某些情况下，它们可以变得更有洞察力和准确性。

最后一条建议是仔细考虑我们到底对解释什么或预测什么感兴趣。在第 5 章中，我们回顾了各种标注方法。在解释或预测不同类型的标签时，相同的特征可能会显示出不同程度的重要性。只要有可能，就可以将这些特征重要性方法应用于前面讨论过的所有标注方法，并查看特征和标注的哪种组合能导致最强的理论。例如，您可能对预测下一个趋势的正负或预测下一个 5% 回报的符号都等同对待，因为您可以在任一预测的基础上制定出盈利的策略（只要特征重要性分析表明存在强大的理论联系）。

习题

1. 假设一个医学检测的假阳性率 $\alpha = P[x > \tau \mid H_0]$，其中 H_0 是原假设（患者是健康的），x 是观察到的测量值，τ 是显著性阈值。对随机患者进行测试，然后返回阳性（原假设被拒绝）。此患者真正患有该病的概率是多少？

   a. 是 $1 - \alpha = P[x \leq \tau \mid H_0]$（检测的置信度）？

   b. 是 $1 - \beta = P\{x > \tau \mid H_1]$（检测的功效或召回率）？

c. 还是 $P[H_1 \mid x > \tau]$（测试的准确度）？

d. 其中，p 值在衡量什么？

e. 在金融领域，类似的情况是测试一个变量是不是导致某种现象。p 值是否能告诉我们，给定观测到的证据，该变量跟此现象相关的概率？

2. 考虑一个医学检测，其中 $\alpha = 0.01$，$\beta = 0$，并且得病的概率为 $P[H_1] = 0.001$。该测试具有充分的召回率（100%）和很高的置信度。经过阳性测试的患者实际生病的概率是多少？为什么比 $1-\alpha$ 和 $1-\beta$ 低得多？两次独立测试均呈阳性后，患者实际生病的概率是多少？

3. 重新运行 6.3.1 和 6.3.2 中的样例，这一次将参数 sigmaStd = 0 传递给 getTestData 函数。现在图 6-2 和 6-3 看起来如何？造成差异的原因是什么？

4. 在第 6.3.2 节中重新运行 MDA 分析，这一次使用概率加权准确度（第 6.4 节）作为评分函数。结果有实质性的不同吗？更直观或更容易解释吗？使用概率加权准确度时，能想到其他表示 MDA 输出的方法吗？

5. 重新运行 6.6 节中的实验，这次使用差异信息作为特征聚类的距离度量（第 3 章）。

7

组合构建

7.1 动机

资产分配需要在不确定的情况下做出决策。Markowitz (1952) 提出了现代金融史上最有影响力的想法之一，即将此投资问题表示为一个凸优化规划问题。Markowitz 的临界线算法（CLA）估计了投资组合的"有效前沿"（也称有效边界），可在给定风险水平下最大化预期收益，其中投资组合风险以收益的标准差衡量。在实践中，均值方差最优解往往偏集中且不稳定（De Miguel 等，2009）。

有三种流行的方法来减少最优投资组合的不稳定性。第一种，一些作者试图对解做出规范，这是通过以先验形式注入有关均值或方差的额外信息来实现的（Black 和 Litterman，1992）。第二种，有作者建议通过结合额外的限制条件来缩小解的可行区域（Clarke 等，2002）。第三种，其他作者建议提高协方差矩阵逆的数值稳定性（Ledoit 和 Wolf，2004）。

在第 2 章中，我们讨论了如何处理由协方差矩阵包含的噪声引起的不稳定性。事实证明，协方差矩阵中包含的信号也可能是不稳定性的来源，需要进行特殊处理。本章将解释为什么某些数据结构（或信号类型）会使均值方差解变得不稳定，以及我们如何处理这第二个不稳定性来源。

7.2 凸组合优化

考虑一个持有 N 个投资标的的投资组合，其超过无风险利率的收益具有预期均值 μ 和预期协方差 V[一]。Markowitz 独具慧眼地将经典的资产分配问题表述为一个二次规划

$$\min_{\omega} \frac{1}{2} \omega' V \omega$$

即：$\omega' a = 1$

其中 a 描述了该组合的约束条件[二]。这个问题可以表示为拉格朗日形式

$$L[\omega, \lambda] = \frac{1}{2} \omega' V \omega - \lambda (\omega' a - 1)$$

[一] "预期协方差"应为"协方差"。——译者注
[二] ω 为该组合在各投资标的上的投资权重。——译者注

其中一阶条件为

$$\frac{\partial L[\omega, \lambda]}{\partial \omega} = V\omega - \lambda a$$

$$\frac{\partial L[\omega, \lambda]}{\partial \lambda} = \omega' a - 1$$

设一阶（必要）条件为0，我们得到

$$V\omega - \lambda a = 0 \Rightarrow \omega = \lambda V^{-1} a$$

和

$$\omega' a = a'\omega = 1 \Rightarrow \lambda a' V^{-1} a = 1 \Rightarrow \lambda = \frac{1}{(a' V^{-1} a)}$$

因此

$$\omega^* = \frac{V^{-1} a}{a' V^{-1} a}$$

二阶（充分）条件确认了此解是拉格朗日最小值：

$$\begin{vmatrix} \frac{\partial L^2[\omega, \lambda]}{\partial \omega^2} & \frac{\partial L^2[\omega, \lambda]}{\partial \omega \partial \lambda} \\ \frac{\partial L^2[\omega, \lambda]}{\partial \lambda \partial \omega} & \frac{\partial L^2[\omega, \lambda]}{\partial \lambda^2} \end{vmatrix} = \begin{vmatrix} V' & -a' \\ a & 0 \end{vmatrix} = a'a \geq 0$$

现在让我们把注意力放到特性向量 a 的一些表达形式上：

1. 对于 $a = 1_N$，$V = \sigma I_N$。其中 $\sigma \in \mathbb{R}^+$，1_N 是大小为 N 的所有元素为1的向量，I_N 是大小为 N 的单位矩阵。这时的解为等权重资产组合（也称为 $1/N$ 资产组合，或者"幼稚"

资产组合），因为这时

$$\omega^* = \frac{1_N \sigma^{-1}}{(N\sigma^{-1})} = \frac{1_N}{N}$$

2. 对于 $a = 1_N$，V 为对角矩阵，且对角线元素并不完全相等（当 $i \neq j$ 时，$V_{ij} = 0$）。这时的解为逆方差资产组合，因为

$$\omega^* = \frac{1}{\sum_{n=1}^{N} \frac{1}{V_{n,n}}} \left\{ \frac{1}{V_{n,n}} \right\}_{n=1,\cdots,N}$$

3. 对于 $a = 1_N$，这时的解为最小方差资产组合。

4. 对于 $a = \mu$，这时的解为最大化资产组合的夏普率，$\frac{\omega'\mu}{\sqrt{\omega'V\omega}}$，市场资产组合为 $\frac{V^{-1}\mu}{(1_N'V^{-1}\mu)}$（Grinold 和 Kahn, 1999）。

7.3 条件数

某些协方差结构会使均值方差最优化问题的解不稳定。为了理解其原因，我们需要引入协方差矩阵的条件数的概念。考虑两个证券之间的相关系数矩阵：

$$C = \begin{bmatrix} 1 & \rho \\ \rho & 1 \end{bmatrix}$$

其中 ρ 是它们的收益之间的相关性。矩阵 C 可以根据下面的步骤对角化为 $CW = W\Lambda$。首先，我们设特征多项式为

$$[\,|C - I\lambda|\, = 0\,]$$

也就是

$$\begin{vmatrix} 1-\lambda & \rho \\ \rho & 1-\lambda \end{vmatrix} = 0 \Rightarrow (1-\lambda)^2 - \rho^2 = 0$$

这个等式有根 $\lambda = 1 \pm \rho$，因此 Λ 的对角线元素为

$$\Lambda_{1,1} = 1 + \rho$$

$$\Lambda_{1,2} = 1 - \rho$$

其次，和每个特征值对应的特征向量是下面方程组的解

$$\begin{bmatrix} 1-\Lambda_{1,1} & \rho \\ \rho & 1-\Lambda_{2,2} \end{bmatrix} \begin{bmatrix} W_{1,1} & W_{1,2} \\ W_{2,1} & W_{2,2} \end{bmatrix} = \begin{bmatrix} 0 & 0 \\ 0 & 0 \end{bmatrix}$$

如果 C 不是对角矩阵，也就是 $\rho \neq 0$，这时上面的方程组有解：

$$\begin{bmatrix} W_{1,1} & W_{1,2} \\ W_{2,1} & W_{2,2} \end{bmatrix} = \begin{bmatrix} \dfrac{1}{\sqrt{2}} & \dfrac{1}{\sqrt{2}} \\ \dfrac{1}{\sqrt{2}} & -\dfrac{1}{\sqrt{2}} \end{bmatrix}$$

并且容易验证

$$W\Lambda W' = \begin{bmatrix} \dfrac{1}{\sqrt{2}} & \dfrac{1}{\sqrt{2}} \\ \dfrac{1}{\sqrt{2}} & -\dfrac{1}{\sqrt{2}} \end{bmatrix} \begin{bmatrix} 1+\rho & 0 \\ 0 & 1-\rho \end{bmatrix} \begin{bmatrix} \dfrac{1}{\sqrt{2}} & \dfrac{1}{\sqrt{2}} \\ \dfrac{1}{\sqrt{2}} & -\dfrac{1}{\sqrt{2}} \end{bmatrix}'$$

$$= \begin{bmatrix} 1 & \rho \\ \rho & 1 \end{bmatrix} = C$$

矩阵 C 的迹 $tr(C) = \Lambda_{1,1} + \Lambda_{2,2} = 2$，所以一个特征根增大时，另一个减小[注]。$C$ 的行列式为 $|C|\Lambda_{1,1}\Lambda_{2,2} = (1+\rho)(1-\rho) = 1 - \rho^2$，当 $\Lambda_{1,1} = \Lambda_{2,2} = 1$ 时，行列式达到最大值，对应不相关的情况，$\rho = 0$。当行列式达到最小值时，$\Lambda_{1,1} = 0$ 或 $\Lambda_{2,2} = 0$，对应完全相关的情况，$|\rho| = 1$。矩阵 C 的逆为

$$C^{-1} = W\Lambda^{-1}W' = \frac{1}{|C|}\begin{bmatrix} 1 & -\rho \\ -\rho & 1 \end{bmatrix}$$

这意味着 ρ 偏离零越多，一个特征根相对于另一个特征根就越大，从而导致 $|C|$ 趋于零，这使得 C 的逆失控。

更一般地，由协方差结构引起的不稳定性可以根据两个极端特征值之间的大小来衡量。相应的，协方差矩阵，或者相关系数矩阵（或正规的因此可对角化的矩阵）的条件数被定义为最大和最小（取模）特征值的比值的绝对值。在以上样例中，

$$\lim_{\rho \to 1} \frac{\Lambda_{1,1}}{\Lambda_{2,2}} = +\infty$$

$$\lim_{\rho \to -1} \frac{\Lambda_{2,2}}{\Lambda_{1,1}} = +\infty$$

㊀ 矩阵的迹为矩阵特征值之和。——译者注

7.4 Markowitz 的诅咒

矩阵 C 只是 V 的一个标准化形式[一]，我们在 C^{-1} 上得出的结论同样适用于计算 ω^* 的 V^{-1}。当投资组合中的证券高度相关（$-1<\rho\ll 0$ 或 $0\ll\rho<1$）时，C[二] 的条件数很高，从而导致 V 的逆矩阵中的元素值失控（俗称"爆了"）。这在投资组合优化的情景下是有问题的，因为 ω^* 取决于 V 的逆，除非 $\rho\approx 0$，否则我们只能期望凸优化规划的解是不稳定的。换句话说，只有当 $\rho\approx 0$，也就是我们不需要优化求解的时候，Markowitz 的解才能保证在数值上是稳定的。我们需要 Markowitz 的原因是要处理 $\rho\neq 0$ 的情况，但是我们越需要 Markowitz，ω^* 的估计在数值上就越不稳定。这就是 Markowitz 的诅咒。

López de Prado（2016）引入了一种基于机器学习的资产分配方法，称为分层风险平价（Hierachical Risk Parity，HRP）。HRP 在样本外蒙特卡洛实验中优于 Markowitz 和幼稚的资产分配。HRP 的目的不是提供最优分配，而只是为了展示机器学习方法的潜力。实际上，尽管 HRP 在构造上就是样

一 C 是 V 在二维下的表现形式。——译者注

二 此处应指 V。——译者注

本内次优的，它仍然在样本外优于 Markowitz。在 7.5 节中，我们将进一步分析为什么标准的均值方差优化方法相对容易被击败。

7.5 信号作为协方差不稳定性的来源

在第 2 章中，我们看到与噪声相关的协方差不稳定性受 N/T 比例的调节，这是因为 Marcenko-Pastur 分布的下界 λ_- 随着 N/T 的增加而变小，而上界 λ_+ 随着 N/T 的增加而变大[一]。在本节中，我们要处理的是协方差不稳定性的另一个来源，这是由数据的结构（信号）导致的。如我们在 2×2 矩阵样例中所见，ρ 控制着矩阵的条件数，和 N/T 并无关系。信号引起的不稳定性是结构性的，无法通过更多的观测采样来减少。

关于信号如何使均值方差优化变得不稳定，有一个直观的解释。当相关系数矩阵为单位矩阵时，特征函数是一条水平线，并且条件数为 1。除了这种理想情况，条件数受不规则关联结构的影响。特别在金融数据中，当证券中的一个子集在其内部呈现更大的相关性（与子集以外的投资标的相

[一] 提醒一下，在第 2 章中，变量 N 表示协方差矩阵中的列数，变量 T 表示用于计算协方差矩阵的独立观察数。

比）时，该子集会在相关系数矩阵内形成一个类。由于（投资标的之间的）层次关系，类集形成是很自然的。当 K 个证券形成一个类，它们会更多地暴露于一个共同的特征向量，这意味着相对应的特征值解释了更多的方差。但是，因为相关系数矩阵的迹正好是 N，这意味着特征值的增加只能以该类中其他 $K-1$ 个特征值的减少为代价，从而导致条件数大于1。因此，类中的相关性越大，条件数越高。这种不稳定性的原因是独特的，与 $N/T{\rightarrow}1$ 无关。

让我们用一个数值样例来演示这个情况。代码段7.1演示了如何形成块对角相关系数矩阵，并设定矩阵中块的数量、块的大小和块内相关性。图7-1绘制了一个大小为 4×4 的块对角矩阵，由两个同等大小的块组成，其中块内相关性为0.5，两块之间的相关性为0。由于这种块结构，条件数不是1，而是3。如果我们增大一个块或增加块内相关性，条件数会增加。原因是，在这两种情况下，一个特征向量比剩下的特征向量解释了更多的方差。例如，如果我们将一个块的大小增加到3，将另一个块的大小减小到1，则条件数变为4。另外，如果我们将块内相关系数增加到0.75，则条件数变为7。一个大小为 500×500 的块对角矩阵，其中由两个同等大小的块组成，并且块内相关性为0.5，它的条件数是251，这时有500个特征向量，但大多数的方差仅由其中的两个解释。

代码段 7.1 块对角相关系数矩阵的组成

```
import matplotlib.pyplot as mpl,seaborn as sns
import numpy as np
#--------------------------------------------------
corr0 = formBlockMatrix(2,2,.5)
eVal,eVec = np.linalg.eigh(corr0)
print max(eVal)/min(eVal)
sns.heatmap(corr0,cmap='viridis')
```

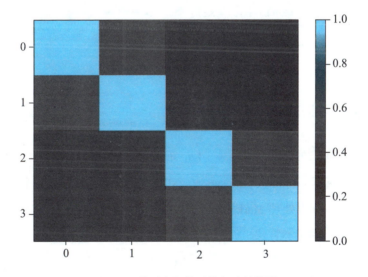

图 7-1 块对角相关系数矩阵的热图

代码段 7.2 演示了仅仅降低两个块之一的块内相关性并不会减少条件数。原因是，极端特征值是由占主导地位的块引起的。所以，即使高条件数可能仅由一个类引起，它也会影响整个关系矩阵。这个观察结果具有重要意义：可将

Markowitz 解的不稳定性追溯到相关系数矩阵中占主导地位的几个类。我们可以通过分别优化主导的类来控制这种不稳定性，从而防止这个不确定性扩散至整个投资组合。

代码段 7.2　带有主块的块对角相关系数矩阵

```
corr0 = block_diag(formBlockMatrix(1,2,.5))
corr1 = formBlockMatrix(1,2,.0)
corr0 = block_diag(corr0,corr1)
eVal,eVec = np.linalg.eigh(corr0)
print max(eVal)/min(eVal)
```

7.6　嵌套聚类优化算法

本节的其余部分专门介绍一种名为嵌套聚类优化（Nested Clustered Optimization，NCO）的基于机器学习的新方法，该方法处理 Markowitz 诅咒的来源。NCO 属于称为"包裹式"的一类算法[一]：它与有效边界是基于哪些成员计算的或施加什么约束条件无关。NCO 提供了一种方式来解决 Markowitz 诅咒对现有均值方差资产分配方法的影响。

[一]　其他常用算法还有过滤式（filter）、嵌入式（embedding）等。——译者注

7.6.1 相关性聚类

NCO 的第一步是对相关系数矩阵进行聚类。此操作涉及找到类集的最优数量。一种可能性是应用 ONC 算法（第 4 章），但是 NCO 与使用哪种特定算法寻找类集数量无关。对 T/N 相对较低的大型矩阵，建议按照第 2 章所述的方法在聚类之前对相关系数矩阵进行降噪。

代码段 7.3 实现了此过程。我们使用第 2 章引入的 deNoiseCov 函数去计算降噪的协方差矩阵 cov1。提醒一下，参数 q 表示观测矩阵的行数和列数的比值。当 bWidth＝0，协方差矩阵没有降噪。我们使用 cov2corr 函数将得到的协方差矩阵标准化为相关系数矩阵。然后，使用第 4 章介绍的 clusterKMeansBase 函数对清理后的相关系数矩阵进行聚类。参数 maxNumClusters 设置为相关系数矩阵列数的一半。原因是，单例类集（即只包含一个元素的类）不会导致矩阵的条件数增加，因此我们只需要考虑最小为 2 的类集。如果我们预期有更少的类集，则可以使用较低的 maxNumClusters 来加速计算。

一个常见的问题是我们究竟应该对 corr1 还是corr1.abs( ) 进行聚类。当所有相关均为非负相关时，对 corr1 和 corr1.abs( )聚类会产生相同的结果。当某些相关性为负时，答案会更加复杂，并且取决于观测输入的数值属性。我建议您同时尝试两种方法，并在蒙特卡洛实验中查看哪种聚类对您特定的 corr1 效果更好[一]。

代码段 7.3　相关系数聚类步骤

```
import pandas as pd
cols = cov0.columns
cov1 = deNoiseCov(cov0,q,bWidth = .01) #de-noise cov
cov1 = pd.DataFrame(cov1,index = cols,columns = cols)
corr1 = cov2corr(cov1)
corr1,clstrs,silh = clusterKMeansBase(corr1,
  maxNumClusters = corr0.shape[0]/2,n_init = 10)
```

7.6.2　类内权重

NCO 算法的第二步是利用降噪了的协方差矩阵 cov1 计算最优的类内权重分配。代码段 7.4 实现了此过程。为简单起见，我们默认执行最小方差分配，通过函数 minVarPort 来实现。但是，该过程也完全可以使用其他的资产分配方式。使

[一] 根据经验，在多空投资组合优化问题中存在负的相关性时，corr1.abs() 往往会有更好的效果。从直觉上讲，负权重的能力等同于改变相关性的符号，这可能会引起很大的不稳定性。由于负相关变量将通过权重进行交互作用，因此建议将这些变量聚类在一起，从而将不稳定的来源控制在每个聚类中。

用估计的类内权重，我们可以得到简化的协方差矩阵，cov2，该矩阵反映了类集之间的相关性。

代码段 7.4　类内最优分配

```
wIntra = pd.DataFrame(0,index = cov1.index,columns =
  clstrs.keys())
for i in clstrs:
  wIntra.loc[clstrs[i],i] = minVarPort(cov1.loc
    [clstrs[i],clstrs[i]]).flatten()
cov2 = wIntra.T.dot(np.dot(cov1,wIntra)) # reduced
  covariance matrix
```

7.6.3　类间权重

NCO 算法的第三步是利用简化的协方差矩阵 cov2 来计算最优的类间权重分配。根据构造，这个协方差矩阵接近对角矩阵，最优问题接近理想的 Markowitz 情况。换句话说，聚类和类内优化步骤使我们能够将一个"Markowitz 诅咒"问题（$|\rho|\gg 0$）转化为一个性质良好的问题（$\rho\approx 0$）。

代码段 7.5 实现了此过程。它使用的分配方法与类内分配步骤中的相同（即，对于代码段 7.4，为 minVarPort 函数）。wAllO 数据帧给出了每个证券的最终权重分配，这是通过将类内权重与类间权重相乘得到的。

代码段 7.5　类间最优分配

```
wInter = pd.Series(minVarPort(cov2).flatten(),index
    =cov2.index)
wAll0 = wIntra.mul(wInter,axis =1).sum(axis =1).sort_
    index()
```

7.7　实验结果

在本节中，我们在受控实验中应用 NCO 算法，并将其性能与 Markowitz 的结果进行比较。像在第 2 章中一样，我们讨论有效前沿的两个特征组合，即最小方差和最大夏普率，因为任何不受约束的有效前沿都可以导出为两者的凸组合（这个结果有时被称为"分离定理"）。

代码段 7.6 实现了本节前面介绍的 NCO 算法。当参数 mu 为 None 时，函数 optPort_nco 返回最小方差投资组合，而当 mu 不为 None 时，函数 optPort_nco 返回最大夏普率投资组合。

代码段 7.6　实现 NCO 算法的函数

```
def optPort_nco(cov,mu = None,maxNumClusters = None):
    cov = pd.DataFrame(cov)
    if mu is not None:mu = pd.Series(mu[:,0])
    corr1 = cov2corr(cov)
```

```
corr1,clstrs,_=clusterKMeansBase(corr1,maxNumClusters,
    n_init=10)
wIntra=pd.DataFrame(0,index=cov.index,columns=
    clstrs.keys())
for i in clstrs:
    cov_=cov.loc[clstrs[i],clstrs[i]].values
    if mu is None:mu_=None
    else:mu_=mu.loc[clstrs[i]].values.reshape(-1,1)
    wIntra.loc[clstrs[i],i]=optPort(cov_,mu_).flatten()
cov_=wIntra.T.dot(np.dot(cov,wIntra)) # reduce
    covariance matrix
mu_=(None if mu is None else wIntra.T.dot(mu))
wInter=pd.Series(optPort(cov_,mu_).flatten(),
    index=cov_.index)
nco=wIntra.mul(wInter,axis=1).sum(axis=1).
    values.reshape(-1,1)
return nco
```

7.7.1 最小方差投资组合

代码段 7.7 创建了均值的随机向量和随机协方差矩阵，它们象征性地表示了由 50 个证券组成的投资组合，其中证券分为 10 组，组内的相关性为 0.5。该向量和矩阵刻画了产生观测数据的"真实"的过程㊀。我们设置随机数种子是为了

㊀ 在实际应用中，我们不需要模拟 $\{\mu, V\}$，因为这些输入是根据观察到的数据估算的。读者可以在 对观察到的 $\{\mu, V\}$ 上重复此实验；并通过蒙特卡洛评估那些特定输入的替代优化方法的估计误差，从而找出哪种方法对特定输入产生最可靠的估计。

在不同参数下重现和比较运行结果。第 2 章中定义了函数 fromTrueMatrix。

> **代码段 7.7　数据生成过程**
>
> ```
> nBlocks,bSize,bCorr=10,50,.5
> np.random.seed(0)
> mu0,cov0=formTrueMatrix(nBlocks,bSize,bCorr)
> ```

代码段 7.8 使用函数 simCovMu 来模拟从真实过程（在第 2 章中定义）中抽取 1000 个观测数据，并得到均值的随机经验向量和随机经验协方差矩阵。当参数 shrink = True，经验协方差矩阵会做 Ledoit-Wolf 收缩。使用该经验协方差矩阵，函数 optPort（同样在第 2 章中定义）根据 Markowitz 方法估计最小方差组合，函数 optPort_nco 应用 NCO 算法估计最小方差组合。在 1000 个不同的随机经验协方差矩阵上重复此过程。注意，由于参数 minVarPortf = True，均值的随机经验向量被舍弃了。

> **代码段 7.8　均值和协方差矩阵经验向量的绘制**
>
> ```
> nObs,nSims,shrink,minVarPortf=1000,1000,False,True
> np.random.seed(0)
> for i in range(nSims):
>   mu1,cov1=simCovMu(mu0,cov0,nObs,shrink=shrink)
> ```

7 组合构建

```
if minVarPortf:mu1 = None
w1.loc[i] = optPort(cov1,mu1).flatten()
w1_d.loc[i] = optPort_nco(cov1,mu1,
    int(cov1.shape[0]/2)).flatten()
```

代码段 7.9 计算从真实的协方差矩阵得出的真实的最小方差组合。利用这些分配作为基准,计算所有权重的均方根误差(RMSE)。我们在带有收缩和不带收缩的情况下运行代码段 7.9,从而得到图 7-2 中展示的四个组合。

代码段 7.9　分配误差的估计

```
w0 = optPort(cov0,None if minVarPortf else mu0)
w0 = np.repeat(w0.T,w1.shape[0],axis = 0) # true
    allocation
rmsd = np.mean((w1 - w0).values.flatten() ** 2) ** .5
    # RMSE
rmsd_d = np.mean((w1_d - w0).values.flatten() ** 2) **
    .5 # RMSE
```

	Markowitz	NCO
原始	7.95E-03	4.21E-03
收缩	8.89E-03	6.74E-03

图 7-2　最小方差投资组合的 RMSE

NCO 计算的最小方差组合的均方根误差是 Markowitz 的 52.98%，也就是均方根误差降低了 47.02%。尽管 Ledoit-Wolf 收缩有助于降低 RMSE，但降低幅度相对较小，约为 11.81%。将收缩率和 NCO 结合使用可使 RMSE 降低 15.30%，这比收缩好，但比单独使用 NCO 差。

这意味着，即使对只有 50 只证券的小型投资组合，NCO 方法的 RMSE 大大低于 Markowitz 的解决方案，而且收缩并没有带来价值。可以容易地测试出 NCO 对更大的投资组合会有更大的优势（我们将其作为一个练习）。

7.7.2 最大夏普率投资组合

通过设置参数 minVarPorf = False，我们可以重新运行代码段 7.8 和 7.9，以得出与最大夏普率相关的 RMSE。图 7-3 报告了该实验的结果。

	Markowitz	NCO
原始	7.02E-02	3.17E-02
收缩	6.54E-02	5.72E-02

图 7-3 最大夏普率投资组合的 RMSE

NCO 计算的最大夏普率组合的均方根误差是 Markowitz 的 45.17%，也就是均方根误差降低了 54.83%。收缩和 NCO 的组合可使最大夏普比率投资组合的 RMSE 降低 18.52%，这比收缩要好，但比 NCO 要差。再一次，NCO 方法的 RMSE

比 Markowitz 的解决方案的 RMSE 要低得多，而收缩没有带来价值。

8 结论

Markowitz 的投资组合优化框架在数学上是正确的，但在实际应用中存在数值问题。特别地，由于噪声和信号，金融协方差矩阵表现出较高的条件数。这些协方差矩阵的逆会放大估计误差，从而得到不稳定的解：改变观察矩阵中的几行，就可能会产生完全不同的权重分配。即使权重分配的估计量是无偏的，不稳定解相关联的方差也不可避免地会导致巨额交易成本，而这可能会消除这些策略的大部分利润。

在本章中，我们将 Markowitz 不稳定性问题的根源追溯到相关系数矩阵特征值函数的形状。水平的特征值函数对 Markowitz 框架是理想选择。在金融中，当证券类集在其内部展现出比其他投资标的更大的相关性时，特征值函数不是水平的，这反过来又是条件数高的原因。这种协方差不稳定性的原因是信号，而不是噪声。

通过将优化问题分为几个问题，我们引入了 NCO 算法来解决这种不稳定性的问题。每个类计算一个优化，并在所有类集之间计算一个最终优化。因为每个证券属于且仅属于一个类，所以最终分配是类内权重和类间权重的乘积。实验结果表明，这种双重聚类方法可以大大减少 Markowitz 的估计误差。NCO 算法非常灵活，可以与任何其他框架结合使用，例如 Black-Litterman、收缩、逆向优化或约束优化方法。我们可以将 NCO 视为将一般优化问题分解为子问题的策略，研究人员可以使用自己首选的方法去解决子问题。

像许多其他机器学习算法一样，NCO 是灵活且模块化的。例如，当相关系数矩阵呈现出很强的层次结构时，类集之内又存在其他类集，我们可以在每个类集和子类集中应用 NCO 算法，从而模仿该矩阵的树状结构。其目的是将数值不稳定性限制在树的每个层级上，从而使子类集中的不稳定性不会扩散到其父类或相关系数矩阵的其他部分。

我们可以按照本章中概述的蒙特卡洛方法来估计，在特定输入变量集下由各种优化方法产生的分配误差。结果可以精确地确定哪种方法对该特定情况最可靠。因此，我们可以适时应用最适合特定设定的任何优化方法，而不必总是依靠一种特定方法。

7.9 习题

1. 在代码段 7.3 中添加降调的处理，并重复第 7.7 节的实验分析。您是否看到了 NCO 性能的进一步提高？为什么？

2. 重复第7.7节，这次您使用第2章中列出的函数 getRndCov 来生成没有类结构的协方差矩阵。您得到了性质上不同的结论吗？为什么？
3. 重复第7.7节，这次您将函数 minVarPort 替换为 Bailey 和 López de Prado（2013）中列出的 CLA 类。
4. 针对大小为10的协方差矩阵和大小为100的协方差矩阵，重复第7.7节的计算。根据问题的规模，NCO 的结果与 Markowitz 的结果相比较如何？
5. 重复第7.7节，在此有意误导 clusterKMeansBase 算法，方法是将其参数 maxNumClusters 设置为非常小的值，例如2。NCO 的结果变差了多少？为什么即使只有两个类集（而不是10个），NCO 仍有可能明显的比 Markowitz 的结果好。

8

测试集过拟合

8.1 动机

在本书中，我们通过蒙特卡洛实验来研究机器学习的解的性质。数学中的蒙特卡洛模拟，其作用类似于物理学中的受控实验。它使我们能够在受控条件下得到各种估计和过程的数学性质。能够控制实验条件对做出因果推理陈述来说至关重要。

回测是投资策略在历史数据上的表现的模拟。这不是受控实验，因为我们无法通过更改环境变量来产生新的历史时间序列，并在该时间序列上运行独立的回测。因此，回测不能帮助我们推导出精确的因果机制，而这才是策略成功的关键。

无法对投资策略进行受控实验，不仅仅是因为技术上的不便。在策略开发阶段，我们只有有限的（相对较短，序列相关，多重共线性甚至可能是非平稳的）历史时间序列。通过多次历史模拟并选择效果最佳的策略,研究人员容易对回测过拟合(Bailey 等,2014)。当研究员将过拟合的回测结果作为单次实验的结果展示时,这个模拟的结果是被高估的。这种统计上的高估被称为多重测试下的选择偏差(selection bias under multiple testing,SBuMT)。SBuMT 会导致错误的发现:策略在回测中可以被复现,但在实际运行中失效。

更糟的是,在很多资产管理公司里,SBuMT 的影响是被叠加的,因为 SBuMT 在两个层面上依次出现:①每个研究员运行数百万次模拟,并向老板报告最好的(过拟合的)结果;②公司进一步从研究员提交的(已经过拟合的)结果中进一步选取部分回测。我们可以称其为回测的超拟合(hyperfitting),以便和研究员层面上出现的回测的过拟合区分开。

可能需要数十年的时间,才能收集到足够的未来(样本外)信息,以揭穿由 SBuMT 导致的错误发现。在本节中,我们将研究如何评估 SBuMT 对研发的影响。

8.2 查准率和召回率

考虑 s 个投资策略。其中的某些策略是错误的发现,就是说它们的预期收益不是正的。我们将这些策略分为正确的(s_T)和错误的(s_F),其中 $s = s_T + s_F$。设 θ 为正确和错误的策略数量的优势比，$\theta = s_T/s_F$。在信噪比较低的金融经济学领域中，错误的策略偏多，因此 θ 是一个偏小的数值。正确的投资策略数量为

$$s_T = s\frac{s_T}{s_T + s_F} = s\frac{\frac{s_T}{s_F}}{\frac{s_T + s_F}{s_F}} = s\frac{\theta}{1+\theta}$$

类似的，错误的投资策略数量为

$$s_F = s - s_T = s\left(1 - \frac{\theta}{1+\theta}\right) = s\frac{1}{1+\theta}$$

给定假阳性的比率为 α（第一类错误），我们得到假阳性的数量为 $FP = \alpha s_F$，真阴性的数量为 $TN = (1-\alpha)s_F$。与 α 相对应的假阴性的比率记为 β（第二类错误），我们得到假阴性的数量为 $FN = \beta s_T$，真阳性的数量为 $FN = (1-\beta)s_T$。因此我们测试的查准率和召回率分别为

$$\text{precision} = \frac{TP}{TP+FP} = \frac{(1-\beta)s_T}{(1-\beta)s_T + as_F}$$

$$= \frac{(1-\beta)s\frac{\theta}{1+\theta}}{(1-\beta)s\frac{\theta}{1+\theta} + as\frac{\theta}{1+\theta}}$$

$$= \frac{(1-\beta)\theta}{(1-\beta)\theta + a}$$

$$\text{recall} = \frac{TP}{TP+FN} = \frac{(1-\beta)s_T}{(1-\beta)s_T + \beta s_T} = 1-\beta$$

在对策略回测之前，研究员应收集证据，表明该策略是确实存在的。原因是，测试的查准率是优势比 θ 的函数。如果优势比很低，即使我们得到具有高置信度（低 p 值）的确认，查准率也将很低[一]。特别地，如果 $(1-\beta)\theta < \alpha$，策略则更有可能是假的[二]。

举例来说，假设被回测的策略盈利的概率为 0.01，就是说平均每 100 个策略里有一个是正确的，这里 $\theta = 1/99$。那么在标准阈值 $\alpha = 0.05$ 和 $\beta = 0.2$ 的设置下，研究人员预计会在 1000 次尝试中得到大约 58 次的确认，而这其中大约 8 次是真阳性，大约 50 次是假阳性。在这种情况下，0.05 的 p 值[三]意味着错误发现率为 86.09%（大约 50/58）。仅出于这个原因，我们应该期望金融经济学中大多数发现都可能是不正确的。

8.3 重复测试下的查准率和召回率

在单次测试中，发生第一类错误的概率记为 α。假定我

[一] 这个论据与我们在第 6 章中得出的结论相同：p 值报告了一个相当无信息的概率。一个统计检验可能同时具有较高的置信度（较低的 p 值）和较低的查准率。

[二] 即查准率小于 50%。——译者注

[三] 这里 $\alpha = 0.05$ 是显著性阈值，并非 p 值。——译者注

们以假阳性概率为 α 重复第二次测试。在每次测试中，不发生第一类错误的概率为 $(1-\alpha)$。如果两次测试相互独立，两次测试都不发生第一类错误的概率为 $(1-\alpha)^2$。至少发生一次第一类错误的概率为 $1-(1-\alpha)^2$。如果我们进行 K 次独立测试，不发生第一类错误的联合概率为 $(1-\alpha)^K$，至少发生一次第一类错误的概率为 $\alpha_K = 1-(1-\alpha)^K$。这也称为多重比较谬误（FWER 在第 1 章译为家族错误率）。

在单次测试中，发生第二类错误的概率记为 β。经过 K 次独立测试，在所有测试中都发生第二类错误的概率为 $\beta_K = \beta^K$。注意这里和 FWER 的差异。在假阳性情况下，我们对至少犯一次错误的概率感兴趣。这是因为，单次错误预报就可以导致失败。然而，在假阴性的情况下，我们对错失所有阳性的概率感兴趣。可以看到，随着 K 的增加，α_K 增长，β_K 缩小。

重复测试下的查准率和召回率为

$$\text{precision} = \frac{(1-\beta_K)\theta}{(1-\beta_K)\theta + \alpha_K} = \frac{(1-\beta^K)\theta}{(1-\beta^K)\theta + 1 - (1-\alpha)^K}$$

$$\text{recall} = 1 - \beta_K = 1 - \beta^K$$

8.4 夏普比率

金融分析师通常不使用查准率和召回率来衡量策略的表现。对策略表现最常用的衡量标准是夏普比率。接下来，我们将开发一个框架,来评估策略是错误的概率。输入是夏普比率的估计,以及在开发过程中获得的元数据[一]。

考虑一个投资策略,它的超额收益(或风险溢价)为 $\{r_t\}$, $t=1,\cdots,T$ 为独立同分布的正态随机变量

$$r_t \sim \mathcal{N}[\mu, \sigma^2]$$

其中 $\mathcal{N}[\mu, \sigma^2]$ 是均值为 μ,方差为 σ^2 的正态分布。遵从 Sharpe(1966,1975,1994),该策略的夏普比率(非年化)定义为

$$\text{SR} = \mu/\sigma$$

因为参数 μ 和 σ 未知,SR 的估计为

$$\widehat{\text{SR}} = \frac{\text{E}[\{r_t\}]}{\sqrt{\text{V}[\{r_t\}]}}$$

在收益为独立同分布正态的假设条件下,Lo(2002)推导出 $\widehat{\text{SR}}$ 的渐近分布为

$$(\widehat{\text{SR}} - \text{SR}) \xrightarrow{a} \mathcal{N}\left[0, \frac{1 + \frac{1}{2}\text{SR}^2}{T}\right]$$

(一) 也许分析师应该使用准确度和召回率来代替夏普比率,但这超出了我们的讨论范围。与拓扑学家、集合论者、代数几何学家等人不同,金融数学家很少能将他们要解决的问题框架化。

然而，经验证据表明，对冲基金的收益序列呈现显著的负偏度和正的额外峰度（以及其他性质，参见 Brooks 和 Kat，2002；Ingersoll 等，2007）。错误地假设收益为独立同分布正态，会导致对假阳性概率的严重低估。

在收益为独立同分布，但分布不一定是正态时，Mertens（2002）推导出 SR 的渐近分布为

$$(\widehat{SR} - SR) \xrightarrow{a} \mathcal{N}\left[0, \frac{1 + \frac{1}{2}SR^2 - \gamma_3 SR + \frac{\gamma_4 - 3}{4}SR^2}{T}\right]$$

其中 γ_3 为偏度，γ_4 为峰度（当分布为正态时，$\gamma_3 = 0$，$\gamma_4 = 3$）。之后不久，Christie（2005）和 Opdyke（2007）发现，Merten 方程在更一般的假设条件下（收益序列平稳，遍历性，不一定必须是独立同分布）也成立。关键结论是，即使收益是非正态的，估计量 SR 仍然渐近服从正态分布，其方差部分依赖于收益序列的偏度和峰度。

8.5 错误策略定理

研究人员可能会进行大量的历史模拟（测试），并仅汇报最好的结果（最大的夏普比率）。最大夏普比率的分布，和从测试中随机选择的夏普比率的分布不同，这也是产生多重测试下的选择偏差（SBuMT）的原因。当测试多于一次的时候，最

大夏普比率的期望值显然大于随机测试的夏普比率的期望值。特别地，给定投资策略的夏普比率预期为零，方差非零，其最大夏普比率的期望严格为正，并且是测试次数的函数。

综上所述，多重测试下的选择偏差可以表述为，最大夏普比率与随机测试的夏普比率（在错误策略的情况下为零）的期望的差值。事实证明，多重测试下的选择偏差是两个变量的函数：测试次数和测试之间夏普比率的方差。以下定理正式阐述了这个关系。证明可以在本书附录 B 中找到。

定理：给定一组业绩统计的估计量 $\{\widehat{SR}_k\}$，$k=1,\cdots,K$，抽取自独立同分布的高斯分布，$\widehat{SR}_k \sim \mathcal{N}[0, V[\widehat{SR}_k]]$，则

$$E\left[\max_k\{\widehat{SR}_k\}\right](V[\{\widehat{SR}_k\}])^{-\frac{1}{2}}$$

$$\approx (1-\gamma)Z^{-1}\left[1-\frac{1}{K}\right] + \gamma Z^{-1}\left[1-\frac{1}{Ke}\right]$$

其中 $Z^{(-1)}[.]$ 是标准高斯累积分布函数（CDF）的逆函数，$E[.]$ 是期望值，$V[.]$ 是方差，e 是欧拉常数，而 γ 是欧拉－马舍罗尼常数。

8.6 实验结果

错误策略定理给我们提供了最大夏普比率的期望值的近似估计。该定理的实验分析在两个层面上都是有用的。首先，

它能帮助我们找到定理不成立的证据,从而说明证明是有缺陷的。当然,反之并不成立,实验证据永远不能取代数学证明的作用。尽管如此,实验证据仍然可以指出证明的疏漏,让我们对证明的正确形式有更好的理解。其次,该定理没有提供近似值的边界。实验分析可以帮助我们估计近似误差的分布。

下面的蒙特卡洛实验评估错误策略定理的准确性。

第一,对给定的一对数值 $(K, V[\{\widehat{SR}_k\}])$,我们产生大小为 $S \times K$ 的随机数组,其中 S 是蒙特卡洛实验的数量。此随机数组是从标准正态分布中抽取的随机数。

第二,将数组中的行中心化并变换方差,使其均值为零,方差为 $V[\{\widehat{SR}_k\}]$。

第三,对每行计算最大值,从而产生 S 个最大值样本。

第四,计算这 S 个最大值的平均值,$\hat{E}[\max_k\{\widehat{SR}_k\}]$。

第五,将预期最大夏普率的经验(蒙特卡洛)估计,与错误策略定理提供的解析解 $E[\max_k\{\widehat{SR}_k\}]$ 进行比较。

第六,估计误差定义为与预测值的相对变化,如下:

$$\varepsilon = \frac{\hat{E}[\max_k\{\widehat{SR}_k\}]}{E[\max_k\{\widehat{SR}_k\}]} - 1$$

第七,将前面的步骤重复 R 次得到 R 个估计误差 $\{\varepsilon_r\}_{r=1,\cdots,R}$,我们可以计算和 K 次实验相关的估计误差的均值和标准差。代码段 8.1 用 Python 实现了这个蒙特卡洛实验。

8 测试集过拟合

代码段 8.1 错误策略定理的实验验证

```
import numpy as np,pandas as pd
from scipy.stats import norm,percentileofscore
#------------------------------------------------
def getExpectedMaxSR(nTrials,meanSR,stdSR):
  #Expected max SR, controlling for SBuMT
  emc = 0.5772156649015328606065120900824024310421593360
  sr0 = (1 - emc) * norm.ppf(1 - 1./nTrials) + \
    emc * norm.ppf(1 - (nTrials * np.e) ** -1)
  sr0 = meanSR + stdSR * sr0
  return sr0
#------------------------------------------------
def getDistMaxSR(nSims,nTrials,stdSR,meanSR):
  # Monte Carlo of max{SR} on nTrials, from nSims
    simulations
  rng = np.random.RandomState()
  out = pd.DataFrame()
  for nTrials_ in nTrials:
    #1) Simulated Sharpe ratios
    sr = pd.DataFrame(rng.randn(nSims,nTrials_))
    sr = sr.sub(sr.mean(axis=1),axis=0) #center
    sr = sr.div(sr.std(axis=1),axis=0) #scale
    sr = meanSR + sr * stdSR
    #2) Store output
    out_ = sr.max(axis=1).to_frame('max{SR}')
    out_['nTrials'] = nTrials_
    out = out.append(out_,ignore_index=True)
  return out
#------------------------------------------------
```

```
if __name__ = = '__main__':
  nTrials = list(set(np.logspace(1,6,1000).astype
    (int)));nTrials.sort()
  sr0 = pd.Series({i:getExpectedMaxSR(i,meanSR = 0,
    stdSR = 1) \
    for i in nTrials})
  sr1 = getDistMaxSR(nSims = 1E3,nTrials = nTrials,
    meanSR = 0,
    stdSR = 1)
```

图 8 – 1 帮助我们展示了这个实验的结果，该实验涵盖了很大范围的测试次数（图中 K 从 2 到 100 万）。对 $V[\max_k\{\widehat{SR}_k\}] = 1$ 和任一给定测试次数 K，我们模拟 10000 次（$R = 10000$）最大夏普比率，从而得到它的分布。y 轴显示当真实的夏普比率期望值为零时，每个测试次数 K（x 轴）对应的最大夏普比率($\max_k\{\widehat{SR}_k\}$) 的分布。图中使用更浅的颜色来表示更大的概率。例如，如果我们进行 $K = 1000$ 次测试，尽管策略的真实的夏普比率为零，但最大夏普比率的期望($E[\max_k\{\widehat{SR}_k\}]$)是 3.26。正如预料的那样，研究人员在进行更多次数的回测的同时，需要超越一个越来越大的阈值。我们将这些实验的结果和错误策略定理预测的结果（用虚线表示）进行比较。对两个结果（实验的和理论的）进行比较，似乎表明对于不同的测试次数，错误策略定理正确地估计了最大夏普比率的期望。

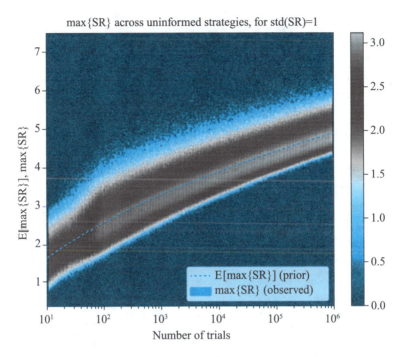

图 8-1　错误策略定理的实验和理论结果的比较

现在，我们将注意力转向评估定理的近似估计的准确度。我们将近似误差定义为实验预测（基于 R = 1000 个模拟）与定理预测之间的差并除以定理的预测。然后，对于每个测试次数 K，我们重新评估这些估计误差 100 次，并得出误差的平均值和标准差。代码段 8.2 实现了第二个蒙特卡洛实验，该实验评估了定理的准确度。

代码段 8.2　预测误差的均值和标准差

```python
def getMeanStdError(nSims0,nSims1,nTrials,stdSR=1,
    meanSR=0):
    # Compute standard deviation of errors per nTrial
    # nTrials: [number of SR used to derive max{SR}]
    # nSims0: number of max{SR} used to estimate E[max{SR}]
    # nSims1: number of errors on which std is computed
    sr0=pd.Series({i:getExpectedMaxSR(i,meanSR,stdSR) \
        for i in nTrials})
    sr0=sr0.to_frame('E[max{SR}]')
    sr0.index.name='nTrials'
    err=pd.DataFrame()
    for i in xrange(int(nSims1)):
        sr1=getDistDSR(nSims=1E3,nTrials=nTrials,meanSR=0,
            stdSR=1)
        sr1=sr1.groupby('nTrials').mean()
        err_=sr0.join(sr1).reset_index()
        err_['err']=err_['max{SR}']/err_['E[max{SR}]']-1.
        err=err.append(err_)
    out={'meanErr':err.groupby('nTrials')['err'].mean()}
    out['stdErr']=err.groupby('nTrials')['err'].std()
    out=pd.DataFrame.from_dict(out,orient='columns')
    return out
#----------------------------------------------------
if __name__=='__main__':
    nTrials=list(set(np.logspace(1,6,1000).astype
        (int)));nTrials.sort()
    stats=getMeanStdError(nSims0=1E3,nSims1=1E2,
        nTrials=nTrials,stdSR=1)
```

图 8-2 绘制了第二个实验的结果。圆点代表了不同的试验次数（x 轴）相对于预测值的近似误差的均值（y 轴）。从这个结果看，错误策略定理产生了渐近无偏估计。即使当 $K \approx 50$，定理给出的估计仅超出实验结果大约 0.7%。图中的十字代表了相对不同的试验次数（x 轴），误差的标准差（y 轴）。从这个实验中，我们可以推断出，标准差相对较小，低于定理给出的预测值的 0.5%，并且随着实验次数的增加，标准差随之变小。

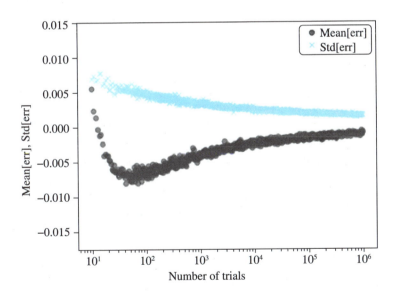

图 8-2　近似误差与试验次数的函数关系

8.7 收缩夏普比率

错误策略定理的主要结论是,除非观测到的最大夏普比率远大于最大夏普比率的期望,$\max_k\{\widehat{SR}_k\} \gg E[\max_k\{\widehat{SR}_k\}]$,否则发现的策略很可能是**假阳性**。如果我们能计算出 $E[\max_k\{\widehat{SR}_k\}]$,则可利用它来设置假设检验,其中要得到策略的表现是统计显著的结论,我们需要拒绝原假设:$H_0 = E[\max_k\{\widehat{SR}_k\}]$。收缩夏普比率(Bailey 和 López de Prado,2014)推导为:

$$\widehat{DSR} = Z\left[\frac{(\widehat{SR} - E[\max_k\{\widehat{SR}_k\}])\sqrt{T-1}}{\sqrt{1-\hat{\gamma}_3\widehat{SR} + \frac{\hat{\gamma}_4-1}{4}\widehat{SR}^2}}\right]$$

$\widehat{DSR}$ 可以解释为,在原假设为真(即夏普比率为零)的情况下,观测到大于或等于 $\widehat{SR}$ 的夏普比率的概率,这个概率会根据偏度、峰度、样本长度、测试次数做对应的调整。$\widehat{DSR}$ 的计算需要 $E[\max_k\{\widehat{SR}_k\}]$ 的估计,同样又需要对 K 和 $V[\{\widehat{SR}_k\}]$ 的估计。这时机器学习可以帮助我们,阐述如下。

8.7.1 测试的有效数量

错误策略定理需要知道一系列测试中独立测试的数量。

8 测试集过拟合

然而,金融研究人员运行独立的测试并不常见。更典型的情况是,研究人员会尝试不同的策略,其中每个策略都运行多次测试。同一个策略对应的多次测试应该比其他策略的测试具有更高的相关性。这种关系模式可以通过块相关矩阵展示。例如,图8-3绘制了一个真实的样例,对同一个投资标的集

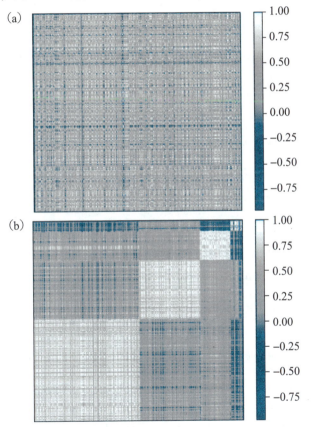

图8-3 6385个试验的聚类前后对比,这是一组策略多次测试的典型代表
资料来源:López de Prado(2019a)。

合的 6385 次回测，对得到的收益序列的相关系数矩阵进行聚类分析，其聚类前后的比较（这个样例更详尽的描述，参见 López de Prado，2019a）。第 4 章的 ONC 算法检测出四种差异化的策略。因此，在此示例中，我们将估计 $E[K]$ 设为 4。这是一个保守的估计，因为真实的独立策略数量一定小于低相关的策略数量。

8.7.2 测试的方差

本节的讨论可参考 López de Prado 和 Lewis（2018）。完成上面的聚类后，ONC 已经成功将我们的 N 个策略分成了 K 组，每组都由高度相关的策略构成。利用这个聚类结果，我们可以进一步将 N 个策略简化为 K 个类层面（cluster level）的策略，其中 $K \leqslant N$。创建这些"类策略"后，我们估计出方差 $V[\{\widehat{SR}_k\}]$，其中 $k=1, \cdots, K$。

对给定的类 k，我们的目标是形成一个类策略的加总收益的时间序列 $S_{\{k,t\}}$。这就需要为加总选择加权方案。最小方差分配是不错的选择，因为它可以防止个别高方差的测试结果主导整个类的收益。记 C_k 为类 k 中的策略集合，Σ_k 为限制在类 C_k 内的策略的协方差矩阵，$r_{\{i,t\}}$ 为策略 $i \in C_k$ 的收益时间序列，$w_{\{k,i\}}$ 为策略 i 对应的权重，$i \in C_k$。我们得到

$$\{w_{k,i}\}_{i \in C_k} = \frac{\sum_k^{-1} 1_k}{1_k' \sum_k^{-1} 1_k}$$

$$S_{k,t} = \sum_{i \in C_k} w_{k,i} r_{i,t}$$

其中 1_k 是大小为 $\|C_k\|$ 的所有元素为 1 的向量。López de Prado 和 Lewis（2018）提出了一个稳健的计算 w_k 的方法。根据计算出的类收益的时间序列 $S_{\{k,t\}}$，我们可以估计每一个夏普比率 $\mathrm{SR}(\widehat{\mathrm{SR}}_k)$。然而，这些 $\widehat{\mathrm{SR}}_k$ 还不是可比的，因为它们的交易频率可能不同。为了使它们具有可比性，我们必须首先对它们年化。相应地，我们计算每年的平均交易次数为

$$\mathrm{Years}_k = \frac{\mathrm{LastDate}_k - \mathrm{FirstDate}_k}{365.25}$$

$$\mathrm{Frequency}_k = \frac{T_k}{\mathrm{Years}_k}$$

其中 T_k 是 $S_{\{k,t\}}$ 的长度，$\mathrm{FirstDate}_k$ 和 $\mathrm{LastDate}_k$ 是 $S_{\{k,t\}}$ 相应的第一个和最后一个交易日期。这样，我们估计年化夏普比率为

$$\widehat{\mathrm{aSR}}_k = \frac{\mathrm{E}[\{S_{k,t}\}]\mathrm{Frequency}_k}{\sqrt{\mathrm{V}[\{S_{k,t}\}]\mathrm{Frequency}_k}} = \widehat{\mathrm{SR}}_k\sqrt{\mathrm{Frequency}_k}$$

有了这些可比的 aSR_k，我们可以估计聚类测试的方差为

$$\mathrm{E}[\mathrm{V}[\{\widehat{\mathrm{SR}}_k\}]] = \frac{\mathrm{V}[\{\widehat{\mathrm{aSR}}_k\}]}{\mathrm{Frequency}_{k^*}}$$

其中 $\mathrm{Frequency}_{k^*}$ 是选中的类 k^* 的（交易）频率。上面的等式根据所选策略的频率来表示聚类测试的估计方差，以匹配 SR 估计的（非年化）频率。

8.8 家族错误率

到目前为止，本章已经解释了如何使用错误策略定理推导一个投资策略错误的可能性。在这一节，我们讨论另一种方法，这种方法依赖于家族错误率（Familywise Error Rate）的概念。

在标准的 Neyman-Pearson 假设检验框架下，如果我们观测到的一个事件，当原假设为真时，仅以概率 α 发生，那我们以 $(1-\alpha)$ 的置信度拒绝原假设。因此，错误的拒绝原假设（第一类错误）的概率为 α。这也被称为假阳性的概率。

当 Neyman 和 Pearson（1933）提出这个框架时，他们没有考虑进行多次测试并选择最佳结果的可能性。正如我们在 8.3 节中看到的那样，当测试被多次重复的时候，综合的假阳性会增加。经过一组（或称"家族"）K 次独立测试后，我们会以 $(1-\alpha)^K$ 的置信度拒绝原假设，因此这组的假阳性概率（或称家族错误率，FWER）为 $\alpha_k = 1 - (1-\alpha)^K$。这是至少犯一次假阳性判断的概率，相对应的是所有阳性判断为真的概率为 $(1-\alpha)^K$。

8.8.1 Šidàk 修正

我们假设 K 次独立测试的 FWER 为 α_K。然后可以从上面等式推导出个体的假阳性概率为【$\alpha = 1 - (1-\alpha)^{\frac{1}{K}}$】。这被称为多重测试下的 Šidàk 修正（Šidàk，1967），可以用泰勒展开的第一项来近似，$\alpha \approx \frac{\alpha_K}{K}$（也被称为 Bonferroni 近似）。

正如我们之前所做的，我们可以应用 ONC 算法来估计 $E[K]$。虽然这 $E[K]$ 个测试确实并非完全不相关，但算法无法进一步减小类集个数，因此它提供了一个保守的估计。有了这个估计 $E[K]$，我们可以应用 Šidàk 修正，并计算多重测试下的第一类错误的概率 α_K。

8.8.2 多重测试下的第一类错误

考虑一个投资策略，它有长度为 T 的收益时间序列。我们估计夏普比率 $\widehat{SR}$，并设定假设检验，原假设为 H_0：$SR=0$，对立假设为 H_1：$SR>0$。我们希望确定当测试被重复进行时假阳性的概率。

Bailey 和 López de Prado（2012）推导出，在一般的假设条件下（收益序列为平稳的、遍历性的，但不一定是独立同正态分布的），真的夏普比率超过给定阈值 SR^* 的概率。如果真的夏普比率为 SR^*，统计量 $\hat{z}[SR^*]$ 的渐近分布为标准正态

$$\hat{z}[SR^*] = \frac{(\widehat{SR}-SR^*)\sqrt{T-1}}{\sqrt{1-\hat{\gamma}_3\widehat{SR}+\frac{\hat{\gamma}_4-1}{4}\widehat{SR}^2}} \overset{a}{\to} Z$$

其中，$\widehat{SR}$ 是估计的夏普比率（非年化），T 是观测数量，$\hat{\gamma}_3$ 是收益的偏度，$\hat{\gamma}_4$ 是收益的峰度。多重测试下的第一类错误发生的概率为

$$P[\max_k \{\hat{z}[0]_k\}_{k=1,\cdots,K} > z_\alpha | H_0] = 1 - (1-\alpha)^K = \alpha_K$$

对 FWER α_K，Šidàk 修正给出了单次测试的显著性水平，$\alpha = 1 - (1-\alpha_K)^{1/K}$。那么，如果 $\max_k \{\hat{z}[0]_k\}_{k=1,\cdots,K} > z_\alpha$，$z_\alpha$ 是标准正态函数 α 的临界值（右侧的概率为 α）

$$z_\alpha = Z^{-1}[1-\alpha] = Z^{-1}[(1-\alpha_K)^{\frac{1}{K}}]$$

$Z[.]$ 是标准正态的累积分布函数，我们将以 $(1-\alpha_K)$ 的置信度拒绝原假设。

反之，我们可以得出在多重测试下的第一类错误（α_K）：第一步，在测试的相关矩阵上应用聚类算法，以估计类集的收益序列和 $E[K]$；第二步，在所选类的收益序列上估计 $\hat{z}[0] = \max_k \{\hat{z}[0]_k\}_{k=1,\cdots,K}$；第三步，计算单次测试的第一类错误 $\alpha = 1 - Z[\hat{z}[0]]$；第四步，对多重测试做修正，$\alpha_K = 1 - (1-\alpha)^K$ 得到

$$\alpha_K = 1 - Z[\hat{z}[0]]^{E[K]}$$

让我们用一个数值样例来说明上述计算。假设在进行了 1000 次测试后，我们确定了一个夏普比率为 0.0791（非年度化）的投资策略，其偏度为 -3，峰度为 10，这是根据1250 个日观测值（5 年，每年 250 个观测值）计算得出的。这个

范围的偏度和峰度是通过日采样频率得到的对冲基金收益的典型特征。从这些输入我们得到 $\hat{z}[0] \approx 2.4978$ 和 $\alpha \approx 0.0062$。对于这个第一类错误概率,大多数研究员会拒绝原假设,然后声称找到了一个新的投资策略。然而,这个 α 并没有对找到这个策略所进行的测试次数 $E[K]$ 做调整。我们应用 ONC 算法,得出结论,在进行的 1000 次(相关的)测试中,有 $E[K]=10$ 个有效独立测试(同样,所谓"有效"独立,我们并不是指 10 个类集是严格独立的,只是算法找不到更多不相关的分组)。这时订正的 FWER 为 $\alpha_K \approx 0.0608$。尽管年化夏普比率大约是 1.25,这个策略是错误发现的概率仍然相对较高,有两个原因:①测试的数量,如果 $E[K]=1$,$\alpha_K = \alpha \approx 0.0062$;②收益的非正态性,如果收益为正态时,$\alpha_K \approx 0.0261$。正如所期望的那样,错误的假设收益为正态会严重低估第一类错误的概率。代码段 8.3 提供了可以复现这些结果的 Python 代码。

代码段 8.3 第一类错误,数值样例

```
import scipy.stats as ss
#------------------------------------------------------
def getZStat(sr,t,sr_=0,skew=0,kurt=3):
    z=(sr-sr_)*(t-1)**.5
    z/=(1-skew*sr+(kurt-1)/4.*sr**2)**.5
    return z
```

```
# -----------------------------------------------------
def type1Err(z,k =1):
  # false positive rate
  alpha = ss.norm.cdf( - z)
  alpha_k =1 - (1 - alpha) ** k  # multi - testing correction
  return alpha_k
# -----------------------------------------------------
def main0():
  # Numerical example
  t,skew,kurt,k,freq =1250, -3,10,10,250
  sr =1.25 /freq ** .5;sr_ =1./freq ** .5
  z = getZStat(sr,t,0,skew,kurt)
  alpha_k = type1Err(z,k=k)
  print alpha_k
  return
# -----------------------------------------------------
if __name__ = ='__main__':main0()
```

8.8.3 多重测试下的第二类错误

假设针对最优策略的对立假设成立 H_1：$SR>0$，并且 $SR=SR^*$。那么，与 $FWER \alpha_K$ 对应的测试功效（power）为：

$$P[\max_k\{\hat{z}[0]\}_k\}_{k=1,\cdots,K} > z_\alpha \mid SR = SR^*]$$

$$= P\left[\frac{(\widehat{SR} + SR^* - SR^*)\sqrt{T-1}}{\sqrt{1 - \hat{\gamma}_3 \widehat{SR} + \frac{\hat{\gamma}_4 - 1}{4}\widehat{SR}^2}} > z_\alpha \mid SR = SR^*\right]$$

$$= P\left[\hat{z}[SR^*] > z_\alpha - \frac{SR^*\sqrt{T-1}}{\sqrt{1-\hat{\gamma}_3\widehat{SR}+\frac{\hat{\gamma}_4-1}{4}\widehat{SR}^2}} \middle| SR=SR^*\right]$$

$$= 1 - P\left[\hat{z}[SR^*] < z_\alpha - \frac{SR^*\sqrt{T-1}}{\sqrt{1-\hat{\gamma}_3\widehat{SR}+\frac{\hat{\gamma}_4-1}{4}\widehat{SR}^2}} \middle| SR=SR^*\right]$$

$$= 1 - Z\left[z_\alpha - \frac{SR^*\sqrt{T-1}}{\sqrt{1-\hat{\gamma}_3\widehat{SR}+\frac{\hat{\gamma}_4-1}{4}\widehat{SR}^2}} \middle| SR=SR^*\right] = 1-\beta$$

其中 $z_\alpha = Z^{-1}[(1-\alpha_K)^{\frac{1}{K}}]$,因此,测试的单个功效随着 SR、样本长度和偏度的增加而增加,但随着峰度的增加而减小。这个概率 ($1-\beta$) 也被称为真阳性率、功效或者召回率。

在 8.3 节中,我们定义了多重假阴性(未命中)的概率为漏掉所有单个阳性的概率,$\beta_K = \beta^K$。对于给定的 (α_K, β_K),我们可以得到 (α, β) 和使得

$$P[\max_k\{\hat{z}[0]_k\}_{k=1,\cdots,K} > z_\alpha | SR=SR^*] = 1-\beta$$

所隐含的 SR^*。对它的解释是,给定 FWER α_K,要得到大于 ($1-\beta_K$) 的多重功效,需要真实的夏普比率超过 SR^*。换句话说,检验的功效不足以检测到夏普比率小于隐含 SR^* 的真实策略。

我们可以通过如下方法在多重测试下得到第二类错误:首先,给定 FWER α_K(该值要么通过外部设定,要么如上节所述进行估计),计算单个测试的临界值 z_α;其次,错失一

个夏普比率为 SR* 的策略的概率是 β，其中

$$\theta = \frac{SR^* \sqrt{T-1}}{\sqrt{1 - \hat{\gamma}_3 \widehat{SR} + \frac{\hat{\gamma}_4 - 1}{4} \widehat{SR}^2}};$$

再次，通过单个假阴性概率，我们得出错失所有真实策略的概率为 $\beta_K = \beta^K$。

让我们将上面的等式应用到上一节的数值样例中。在那里，我们估计到 FWER 为 $\alpha_K \approx 0.0608$，这意味着临界值 $z_\alpha \approx 2.4978$。然后，错失一个真实夏普比率 $SR^* \approx 0.0632$（非年化）的策略的概率为 $\beta \approx 0.6913$，其中 $\theta \approx 1.9982$。这样高的单测试第二类错误概率是可以理解的，因为检验的功效不足以在一次测试后检测到如此微弱的信号（年化夏普比率仅为 1.0）。但是，因为我们进行了 10 次测试，$\beta_K \approx 0.0249$。在真实夏普比率大于 0.0632 的这些策略中，该检验检测到了超过 97.5% 的部分。代码段 8.4 提供了可以复现这些结果的 Python 代码（参见代码段 8.3 中的函数 getZStat 和 type1Err）。

代码段 8.4　第二类错误，数值样例

```
def getTheta(sr,t,sr_=0,skew=0,kurt=3):
    theta=sr_*(t-1)**.5
    theta/=(1-skew*sr+(kurt-1)/4.*sr**2)**.5
    return theta
#------------------------------------------------------------
```

```
def type2Err(alpha_k,k,theta):
    #false negative rate
    z = ss.norm.ppf((1 - alpha_k) ** (1./k)) # Sidak's
        correction
    beta = ss.norm.cdf(z - theta)
    return beta
#---------------------------------------------------
def main0():
    #Numerical example
    t,skew,kurt,k,freq = 1250,-3,10,10,250
    sr = 1.25/freq ** .5;sr_ = 1./freq ** .5
    z = getZStat(sr,t,0,skew,kurt)
    alpha_k = type1Err(z,k = k)
    theta = getTheta(sr,t,sr_,skew,kurt)
    beta = type2Err(alpha_k,k,theta)
    beta_k = beta ** k
    print beta_k
    return
#---------------------------------------------------
if __name__ == '__main__':main0()
```

8.8.4 第一类错误和第二类错误的交互作用

图 8-4 展示了 α 和 β 之间的相互关系。上半图的分布是在原假设成立时 $\widehat{SR}$ 估计（注：$\widehat{SR}$ 就是指估计量了）的概率密度函数，下半图的分布（为了方便展示，将分布倒置了）是在对立假设成立时，特别是 $SR^* = 1$ 的情况下，$\widehat{SR}$ 估计的概率密度函数。样本长度、偏度和峰度影响着这两个分布的方

差。给定实际的$\widehat{\mathrm{SR}}$估计,这些变量确定了α和β的概率,其中减小一个意味着增大另一个。在大多数期刊文章中,作者专注于上半图的分布而会忽视下半图的分布。

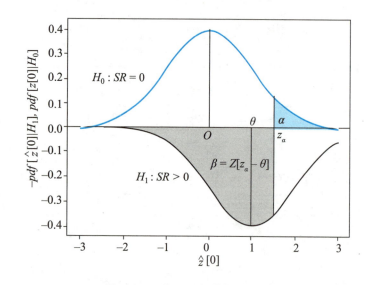

图8-4 α和β之间的相互关系

我们对第二类错误得出的解析解,明显指明这种权衡也存在于α_K和β_K之间,尽管不像在$K=1$的情况下那样简单。图8-5显示,对固定的α_K,当K增大时,α减小,z_α增大,因此β增大。

图8-6画出了对不同水平的α_K,当K增大时β_K的变化。尽管β随着K增大,总的影响是减小β_K。对给定的α_K,下面的等式确定了β_K是关于K和θ的函数

$$\beta_K = (Z[Z^{-1}[(1-\alpha_K)^{\frac{1}{K}}] - \theta])^K$$

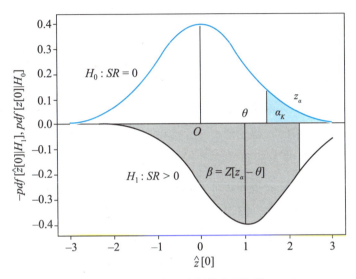

图 8-5 α_K 和 β 之间的交互作用

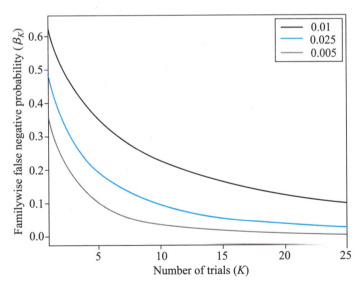

图 8-6 β_K 随着 K 的增加而增加 $\theta \approx 1.9982$ 和 $\alpha_K \in \{0.01, 0.025, 0.005\}$

8.9 结论

一个投资策略的夏普比率在单次测试时遵循高斯分布，即使该策略的收益序列不是正态的（但仍需是平稳的和遍历性的）。研究人员通常会进行多次测试，从中选择效果最好的策略，这样会增加选择错误策略的概率。在本章中，我们研究了两个方法，以评估测试集过拟合而导致错误发现投资策略的程度。

第一个方法依赖于错误策略定理。这个定理推导出最大夏普比率的期望值，$E[\max_k\{\widehat{SR}_k\}]$，它是测试数量、$K$ 和测试之间夏普比率的方差 $V[\{\widehat{SR}_k\}]$ 的函数。机器学习的方法让我们能估计这两个变量。通过 $E[\max_k\{\widehat{SR}_k\}]$ 的这一估计量，我们可以使用收缩夏普比率来检验 $\max_k\{\widehat{SR}_k\}$ 是否具有统计显著性（Bailey 和 López de Prado，2014）。

第二个方法估计测试次数 K，并应用 Šidàk 修正来导出家族错误率（FWER）。FWER 提供了调整后的拒绝阈值，我们可以使用 Lo（2002）和 Mertens（2002）提出的分布来检验 $\max_k\{\widehat{SR}_k\}$ 是否是统计显著的。研究人员在设计统计检验时，可以使用多重假阳性概率和多重假阴性概率的解析估计。

8.10 习题

1. 按照第 8.2 节所述的方法，绘制一个检验的查准率和召回率（作为 θ 的函数），其中 $\theta \in [0, 1]$，$\alpha = \beta = 0.05$，$K = 1$。这符合您的直觉吗？

2. 重复练习 1，绘制作为 K 的函数的曲面，其中 $K = 1, \cdots, 25$。多重测试对查准率和召回率的总体影响是什么？

3. 考虑一个具有 5 年每日独立同正态分布收益率的策略。10 次测试中的最佳测试得到年化夏普比率为 2，其中年化夏普比率的方差为 1。

   a. 预期的最大夏普比率是多少？提示：应用错误策略定理。

   b. 一次测试后，观测到最大夏普比率等于或大于 2 的概率是多少？提示：这是概率夏普比率。

   c. 十次测试后，观测到最大夏普比率等于或大于 2 的概率是多少？提示：这是收缩夏普比率。

4. 考虑一个投资策略，该策略在短回溯期的移动平均价格大于长回溯期的移动平均价格时买入标准普尔 500 期货。

   a. 通过对下面参数的组合，生成 1000 个策略收益序列：
   ① 短回溯期
   ② 长回溯期

③止损

④获利了结

⑤最大持仓时间

b. 计算这 1000 次测试的最大夏普比率。

c. 如第 8.7 节所述，推导 $E[\max_k\{\widehat{SR}_k\}]$。

d. 计算观测到夏普比率等于或大于 4（b）的概率。

5. 重复练习 4，这次计算多重测试下的第一类错误和第二类错误，其中 SR^* 是 1000 个夏普比率的中位数。

附录 A 合成数据测试

合成数据集使研究人员可以在等同于数千年历史的序列上测试投资策略，并防止在某个特定的观察数据集上过拟合。一般来说，这些合成数据集可以通过两种方法生成：重抽样（resampling）和蒙特卡洛（Monte Carlo）。图 A-1 总结了这些方法如何分支并相互关联。

重抽样通过对观察到的数据集重复抽样来生成新的（未观察到的）数据集。重抽样可以是确定性的，也可以是随机的。确定性重抽样的样例包括刀切法（"留一个"），交叉验证（"留一折"）和排列组合交叉验证（置换测试）。例如，可以将历史观察结果划分为 N 个部分（每个部分成为一"折"），并计算留出 k 折的所有测试集。这种组合的交叉验证产生了 $\frac{k}{N}\binom{N}{N-k}$ 条完整的历史路径，比单一路径的历史回测更难以过拟合（有关具体的实现方法，请参阅 AFML 的第 12 章）。

随机重抽样的样例包括子抽样（无替换的随机抽样）和自助抽样（有替换的随机抽样）。子抽样依赖于较弱的假设，

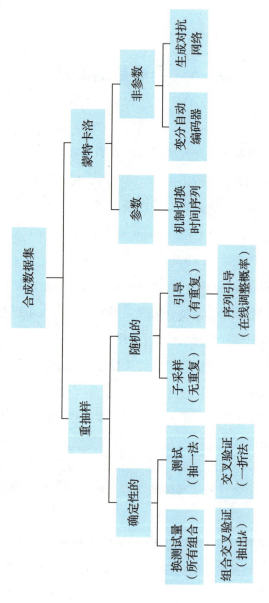

图A-1 合成数据集的生成

但是当观察到的数据集大小有限时,这样做是不切实际的。自助抽样可以通过抽取单个或一块观察值(整块抽取保留了观察值的序列依赖)来生成与观察到的数据集一样大的样本。自助抽样的有效性取决于随机样本的独立性,这是从中心极限定理继承而来的。为了使随机抽取尽可能独立,序贯自助法会在线调整抽取观测值的概率,使其类似于已经抽样的观测值(有关具体的实现,请参阅 AFML 第 4 章)。

生成合成数据集的第二种方法是蒙特卡洛。蒙特卡洛方法,并不是从观察到的数据集中随机抽样(例如自助抽样),而是从某个估计的总体或数据生成过程中随机抽取新的(未观察到的)数据。蒙特卡洛实验可以是参数化的,也可以是非参数化的。参数化蒙特卡罗的一个样例是机制转换时间序列模型(Hamilton,1994),其中样本是从一个替代过程中提取的,对于 $n = 1 \cdots\cdots N$,在时间 t 从过程 n 抽样的概率记为 $p_{|t,n|}$,该概率是抽取先前观察值的过程(马尔可夫链)的一个函数。期望最大化算法可用于估计在时间 t 从一个过程转移到另一个过程的概率(转移概率矩阵)。这种参数化方法使研究人员可以匹配观察到数据集的统计属性,然后将这些属性复制到未观察到数据集中。参数化蒙特卡洛的一个不足是,数据生成过程可能比一组有限的代数函数可以复现的要更为复杂。在这种情况下,非参数化的蒙特卡洛实验可能会有所帮助,例如变分自动编码器(variational autoencoders,

VAES)、自组织映射（self-organizing map，SOM）或生成对抗网络（Generative adversarial network，GAN）。这些方法可以理解为潜变量的非参数、非线性估计量（类似于非线性PCA）。一个自动编码器是一个神经网络，可以学习如何在低维空间中表示高维观测。变分自动编码器还有一个附加属性，可使其潜空间连续。这样可以成功进行随机抽样和内插，进而将其用作生成模型。一旦变分自动编码器了解了数据的基本结构，就可以在给定的散度范围内生成类似于原始样本统计属性的新观察结果（因此称为"变分"）。自组织映射与自动编码器的不同之处在于，它应用竞争性学习（而不是纠错），并且使用邻域函数保留输入空间的拓扑属性。生成对抗网络训练两个相互竞争的神经网络，其中一个网络（称为生成器）的任务是根据分布函数生成模拟观测值，而另一个网络（称为鉴别器）的任务是预测，给定真实的观测数据模拟的观测值是错误的概率。这两个神经网络相互竞争，直到收敛到平衡为止。使用非参数蒙特卡洛时，用来训练的原始样本必须具有足够的代表性，以学习数据生成过程的一般特征，否则应首选参数化蒙特卡洛方法（具体例子请参阅AFML的第13章）。

附录 B 错误策略定理的证明

众所周知，遵循指数分布的独立随机变量样本中的最大值渐近收敛于耿贝尔分布（Gumbel distribution）。有关证明，请参见 Embrechts 等（2003，138-47）。作为一个特例，耿贝尔分布涵盖了高斯分布的最大值吸引场，因此可以用来估计几个独立随机高斯变量的最大值的期望值。

具体步骤如下：假设 y_k 是一组独立同分布的高斯随机变量样本，$y_k \sim \mathcal{N}[0, 1]$，$k = 1 \cdots\cdots K$。将 Fisher-Tippet-Gnedenko 定理应用于高斯分布，则可以得出样本最大值 $\max_k \{y_k\}$ 的近似值，从而得出

$$\lim_{K \to \infty} \text{prob} \left[\frac{\max_k \{y_k\} - \alpha}{\beta} \leq x \right] = G[x] \tag{1}$$

其中 $G[x] = e^{-e^{-x}}$ 是标准耿贝尔分布的累积分布函数

$$\alpha = Z^{-1}[1 - (\frac{1}{K})], \quad \beta = Z^{-1}[1 - (\frac{1}{K}) e^{-1}] - \alpha$$

而 Z^{-1} 对应于标准正态累积分布函数的逆函数。归一化常数 (α, β) 的推导参见 Resnick（1987）和 Embrechts 等（2003）。

根据耿贝尔最大值吸引域中的分布对归一化最大值的期望的极限［请参见 Resnick，1987，命题 2.1（iii）］是

$$\lim_{K\to\infty} E\left[\frac{\max_k\{y_k\} - \alpha}{\beta}\right] = \gamma \qquad (2)$$

其中，γ 是 Euler-Mascheroni 常数，$\gamma \approx 0.5772\cdots\cdots$ 对于足够大的 K，标准正态分布随机变量的样本最大值的均值可以近似为

$$\begin{aligned}E\left[\max_k\{y_k\}\right] &\approx \alpha + \gamma\beta \\ &= (1-\gamma)Z^{-1}\left[1-\frac{1}{K}\right] + \gamma Z^{-1}\left[1-\frac{1}{K}e^{-1}\right]\end{aligned} \qquad (3)$$

其中 $K £ 1$。

现在考虑一组估计的业绩统计 $\{\{\widehat{SR}_k\}, k=1,\cdots,K$，它们是独立同分布的高斯随机变量，$\widehat{SR}_k \sim \mathcal{N}[0, V[\{\widehat{SR}_k\}]]$。

我们利用期望算子的线性来导出表达式

$$\begin{aligned}&E\left[\max_k\{\widehat{SR}_k\}\right] (V[\{\widehat{SR}_k\}])^{-\frac{1}{2}} \\ &\approx (1-\gamma)Z^{-1}\left[1-\frac{1}{K}\right] + \gamma Z^{-1}\left[1-\frac{1}{Ke}\right]\end{aligned} \qquad (4)$$

这就证明了该定理。

参考书目

[1] Aggarwal, C., and C. Reddy (2014): *Data Clustering—Algorithms and Applications*. 1st ed. CRC Press.

[2] Ahmed, N., A. Atiya, N. Gayar, and H. El-Shishiny (2010): "An Empirical Comparison of Machine Learning Models for Time Series Forecasting." *Econometric Reviews*, Vol. 29, No. 5-6, pp. 594-621.

[3] Anderson, G., A. Guionnet, and O. Zeitouni (2009): *An Introduction to Random Matrix Theory*. 1st ed. Cambridge Studies in Advanced Mathematics. Cambridge University Press.

[4] Ballings, M., D. van den Poel, N. Hespeels, and R. Gryp (2015): "Evaluating Multiple Classifiers for Stock Price Direction Prediction." *Expert Systems with Applications*, Vol. 42, No. 20, pp. 7046-7056.

[5] Bansal, N., A. Blum, and S. Chawla (2004): "Correlation Clustering." *Machine Learning*, Vol. 56, No. 1, pp. 89-113.

[6] Benjamini, Y., and D. Yekutieli (2001): "The Control of the False Discovery Rate in Multiple Testing under Dependency." *Annals of Statistics*, Vol. 29, pp. 1165-1188.

[7] Benjamini, Y., and W. Liu (1999): "A Step-Down Multiple Hypotheses Testing Procedure that Controls the False Discovery Rate under Independence." *Journal of Statistical Planning and Inference*, Vol. 82, pp. 163-170.

[8] Benjamini, Y., and Y. Hochberg (1995): "Controlling the False Discovery Rate: A Practical and Powerful Approach to Multiple Testing." *Journal of the Royal Statistical Society*, Series B, Vol. 57, pp. 289-300.

[9] Bontempi, G., S. Taieb, and Y. Le Borgne (2012): "Machine Learning Strategies for Time Series Forecasting." *Lecture Notes in Business Information Processing*, Vol. 138, No. 1, pp. 62–77.

[10] Booth, A., E. Gerding, and F. McGroarty (2014): "Automated Trading with Performance Weighted Random Forests and Seasonality." *Expert Systems with Applications*, Vol. 41, No. 8, pp. 3651–3661.

[11] Cao, L., and F. Tay (2001): "Financial Forecasting Using Support Vector Machines." *Neural Computing and Applications*, Vol. 10, No. 2, pp. 184–192.

[12] Cao, L., F. Tay, and F. Hock (2003): "Support Vector Machine with Adaptive Parameters in Financial Time Series Forecasting." *IEEE Transactions on Neural Networks*, Vol. 14, No. 6, pp. 1506–1518.

[13] Cervello-Royo, R., F. Guijarro, and K. Michniuk (2015): "Stockmarket Trading Rule Based on Pattern Recognition and Technical Analysis: Forecasting the DJIA Index with Intraday Data." *Expert Systems with Applications*, Vol. 42, No. 14, pp. 5963–5975.

[14] Chang, P., C. Fan, and J. Lin (2011): "Trend Discovery in Financial Time Series Data Using a Case-Based Fuzzy Decision Tree." *Expert Systems with Applications*, Vol. 38, No. 5, pp. 6070–6080.

[15] Chen, B., and J. Pearl (2013): "Regression and Causation: A Critical Examination of Six Econometrics Textbooks." *Real-World Economics Review*, Vol. 65, pp. 2–20.

[16] Creamer, G., and Y. Freund (2007): "A Boosting Approach for Automated Trading." *Journal of Trading*, Vol. 2, No. 3, pp. 84–96.

[17] Creamer, G., and Y. Freund (2010): "Automated Trading with Boosting and Expert Weighting." *Quantitative Finance*, Vol. 10, No. 4, pp. 401–420.

[18] Creamer, G., Y. Ren, Y. Sakamoto, and J. Nickerson (2016): "A Textual Analysis Algorithm for the Equity Market: The European Case." *Journal of Investing*, Vol. 25, No. 3, pp. 105–116.

[19] Dixon, M., D. Klabjan, and J. Bang (2017): "Classification-Based Financial Markets Prediction Using Deep Neural Networks." *Algorithmic Finance*, Vol. 6, No. 3, pp. 67–77.

[20] Dunis, C., and M. Williams (2002): "Modelling and Trading the Euro/US Dollar Exchange Rate: Do Neural Network Models Perform Better?" *Journal of Derivatives and Hedge Funds*, Vol. 8, No. 3, pp. 211–239.

[21] Easley, D., and J. Kleinberg (2010): *Networks, Crowds, and Markets: Reasoning about a Highly Connected World*. 1st ed. Cambridge University Press.

[22] Easley, D., M. López de Prado, M. O'Hara, and Z. Zhang (2011): "Microstructure in the Machine Age." Working paper.

[23] Efroymson, M. (1960): "Multiple Regression Analysis." In A. Ralston and H. Wilf (eds.), *Mathematical Methods for Digital Computers*. 1st ed. Wiley.

[24] Einav, L., and J. Levin (2014): "Economics in the Age of Big Data." *Science*, Vol. 346, No. 6210. Available at http://science.sciencemag.org/content/346/6210/1243089

[25] Feuerriegel, S., and H. Prendinger (2016): "News-Based Trading Strategies." *Decision Support Systems*, Vol. 90, pp. 65–74.

[26] Greene, W. (2012): *Econometric Analysis*. 7th ed. Pearson Education.

[27] Harvey, C., and Y. Liu (2015): "Backtesting." *The Journal of Portfolio Management*, Vol. 42, No. 1, pp. 13–28.

[28] Harvey, C., and Y. Liu (2018): "False (and Missed) Discoveries in Financial Economics." Working paper. Available at https://ssrn.com/abstract=3073799

[29] Harvey, C., and Y. Liu (2018): "Lucky Factors." Working paper. Available at https://ssrn.com/abstract=2528780

[30] Hastie, T., R. Tibshirani, and J. Friedman (2016): *The Elements of Statistical Learning: Data Mining, Inference and Prediction.* 2nd ed. Springer.

[31] Hayashi, F. (2000): *Econometrics.* 1st ed. Princeton University Press.

[32] Holm, S. (1979): "A Simple Sequentially Rejective Multiple Test Procedure." *Scandinavian Journal of Statistics*, Vol. 6, pp. 65–70.

[33] Hsu, S., J. Hsieh, T. Chih, and K. Hsu (2009): "A Two-Stage Architecture for Stock Price Forecasting by Integrating Self-Organizing Map and Support Vector Regression." *Expert Systems with Applications*, Vol. 36, No. 4, pp. 7947–7951.

[34] Huang, W., Y. Nakamori, and S. Wang (2005): "Forecasting Stock Market Movement Direction with Support Vector Machine." *Computers and Operations Research*, Vol. 32, No. 10, pp. 2513–2522.

[35] Ioannidis, J. (2005): "Why Most Published Research Findings Are False." *PLoS Medicine*, Vol. 2, No. 8. Available at https://doi.org/10.1371/journal.pmed.0020124.

[36] James, G., D. Witten, T. Hastie, and R. Tibshirani (2013): *An Introduction to Statistical Learning.* 1st ed. Springer.

[37] Kahn, R. (2018): *The Future of Investment Management.* 1st ed. CFA Institute Research Foundation.

[38] Kara, Y., M. Boyacioglu, and O. Baykan (2011): "Predicting Direction of Stock Price Index Movement Using Artificial Neural Networks and Support Vector Machines: The Sample of the Istanbul Stock Exchange." *Expert Systems with Applications*, Vol. 38, No. 5, pp. 5311–5319.

[39] Kim, K. (2003): "Financial Time Series Forecasting Using Support Vector Machines." *Neurocomputing*, Vol. 55, No. 1, pp. 307–319.

[40] Kolanovic, M., and R. Krishnamachari (2017): "Big Data and AI Strategies: Machine Learning and Alternative Data Approach to Investing." *J. P. Morgan Quantitative and Derivative Strategy*, May.

[41] Kolm, P., R. Tutuncu, and F. Fabozzi (2010): "60 Years of Portfolio Optimization." *European Journal of Operational Research*, Vol. 234, No. 2, pp. 356–371.

[42] Krauss, C., X. Do, and N. Huck (2017): "Deep Neural Networks, Gradient-Boosted Trees, Random Forests: Statistical Arbitrage on the S&P 500." *European Journal of Operational Research*, Vol. 259, No. 2, pp. 689–702.

[43] Kuan, C., and L. Tung (1995): "Forecasting Exchange Rates Using Feedforward and Recurrent Neural Networks." *Journal of Applied Econometrics*, Vol. 10, No. 4, pp. 347–364.

[44] Kuhn, H. W., and A. W. Tucker (1952): "Nonlinear Programming." In *Proceedings of 2nd Berkeley Symposium*. University of California Press, pp. 481–492.

[45] Laborda, R., and J. Laborda (2017): "Can Tree-Structured Classifiers Add Value to the Investor?" *Finance Research Letters*, Vol. 22, pp. 211–226.

[46] López de Prado, M. (2018): "A Practical Solution to the Multiple-Testing Crisis in Financial Research." *Journal of Financial Data Science*, Vol. 1, No. 1. Available at https://ssrn.com/abstract=3177057

[47] López de Prado, M., and M. Lewis (2018): "Confidence and Power of the Sharpe Ratio under Multiple Testing." Working paper. Available at https://ssrn.com/abstract=3193697

[48] MacKay, D. (2003): *Information Theory, Inference, and Learning Algorithms*. 1st ed. Cambridge University Press.

[49] Marcenko, V., and L. Pastur (1967): "Distribution of Eigenvalues for Some Sets of Random Matrices." *Matematicheskii Sbornik*, Vol. 72, No. 4, pp. 507–536.

[50] Michaud, R. (1998): *Efficient Asset Allocation: A Practical Guide to Stock Portfolio Optimization and Asset Allocation*. Boston: Harvard Business School Press.

[51] Nakamura, E. (2005): "Inflation Forecasting Using a Neural Network." *Economics Letters*, Vol. 86, No. 3, pp. 373–378.

[52] Olson, D., and C. Mossman (2003): "Neural Network Forecasts of Canadian Stock Returns Using Accounting Ratios." *International Journal of Forecasting*, Vol. 19, No. 3, pp. 453–465.

[53] Otto, M. (2016): *Chemometrics: Statistics and Computer Application in Analytical Chemistry*. 3rd ed. Wiley.

[54] Patel, J., S. Sha, P. Thakkar, and K. Kotecha (2015): "Predicting Stock and Stock Price Index Movement Using Trend Deterministic Data Preparation and Machine Learning Techniques." *Expert Systems with Applications*, Vol. 42, No. 1, pp. 259–268.

[55] Pearl, J. (2009): "Causal Inference in Statistics: An Overview." *Statistics Surveys*, Vol. 3, pp. 96–146.

[56] Plerou, V., P. Gopikrishnan, B. Rosenow, L. Nunes Amaral, and H. Stanley (1999): "Universal and Nonuniversal Properties of Cross Correlations in Financial Time Series." *Physical Review Letters*, Vol. 83, No. 7, pp. 1471–1474.

[57] Porter, K. (2017): "Estimating Statistical Power When Using Multiple Testing Procedures." Available at www.mdrc.org/sites/default/files/PowerMultiplicity-IssueFocus.pdf

[58] Potter, M., J. P. Bouchaud, and L. Laloux (2005): "Financial Applications of Random Matrix Theory: Old Laces and New Pieces." *Acta Physica Polonica B*, Vol. 36, No. 9, pp. 2767–2784.

[59] Qin, Q., Q. Wang, J. Li, and S. Shuzhi (2013): "Linear and Nonlinear Trading Models with Gradient Boosted Random Forests and Application to Singapore Stock Market." *Journal of Intelligent Learning Systems and Applications*, Vol. 5, No. 1, pp. 1–10.

[60] Robert, C. (2014): "On the Jeffreys–Lindley Paradox." *Philosophy of Science*, Vol. 81, No. 2, pp. 216–232.

[61] Shafer, G. (1982): "Lindley's Paradox." *Journal of the American Statistical Association*, Vol. 77, No. 378, pp. 325 – 334.

[62] Simon, H. (1962): "The Architecture of Complexity." *Proceedings of the American Philosophical Society*, Vol. 106, No. 6, pp. 467 – 482.

[63] SINTEF (2013): "Big Data, for Better or Worse: 90% of World's Data Generated over Last Two Years." *Science Daily*, May 22. Available at www. sciencedaily. com/releases/2013/05/130522085217. htm.

[64] Sorensen, E., K. Miller, and C. Ooi (2000): "The Decision Tree Approach to Stock Selection." *Journal of Portfolio Management*, Vol. 27, No. 1, pp. 42 – 52.

[65] Theofilatos, K., S. Likothanassis, and A. Karathanasopoulos (2012): "Modeling and Trading the EUR/USD Exchange Rate Using Machine Learning Techniques." *Engineering, Technology and Applied Science Research*, Vol. 2, No. 5, pp. 269 – 272.

[66] Trafalis, T., and H. Ince (2000): "Support Vector Machine for Regression and Applications to Financial Forecasting." *Neural Networks*, Vol. 6, No. 1, pp. 348 – 353.

[67] Trippi, R., and D. DeSieno (1992): "Trading Equity Index Futures with a Neural Network." *Journal of Portfolio Management*, Vol. 19, No. 1, pp. 27 – 33.

[68] Tsai, C., and S. Wang (2009): "Stock Price Forecasting by Hybrid Machine Learning Techniques." *Proceedings of the International Multi-Conference of Engineers and Computer Scientists*, Vol. 1, No. 1, pp. 755 – 760.

[69] Tsai, C., Y. Lin, D. Yen, and Y. Chen (2011): "Predicting Stock Returns by Classifier Ensembles." *Applied Soft Computing*, Vol 11, No. 2, pp. 2452 – 2459.

[70] Tsay, R. (2013): *Multivariate Time Series Analysis: With R and Financial Applications*. 1st ed. Wiley.

[71] Wang, J., and S. Chan (2006): "Stock Market Trading Rule Discovery Using Two-Layer Bias Decision Tree." *Expert Systems with Applications*, Vol. 30, No. 4, pp. 605–611.

[72] Wang, Q., J. Li, Q. Qin, and S. Ge (2011): "Linear, Adaptive and Nonlinear Trading Models for Singapore Stock Market with Random Forests." In *Proceedings of the 9th IEEE International Conference on Control and Automation*, pp. 726–731.

[73] Wei, P., and N. Wang (2016): "Wikipedia and Stock Return: Wikipedia Usage Pattern Helps to Predict the Individual Stock Movement." In *Proceedings of the 25th International Conference Companion on World Wide Web*, Vol. 1, pp. 591–594.

[74] Wooldridge, J. (2010): *Econometric Analysis of Cross Section and Panel Data*. 2nd ed. MIT Press.

[75] Wright, S. (1921): "Correlation and Causation." *Journal of Agricultural Research*, Vol. 20, pp. 557–585.

[76] Żbikowski, K. (2015): "Using Volume Weighted Support Vector Machines with Walk Forward Testing and Feature Selection for the Purpose of Creating Stock Trading Strategy." *Expert Systems with Applications*, Vol. 42, No. 4, pp. 1797–1805.

[77] Zhang, G., B. Patuwo, and M. Hu (1998): "Forecasting with Artificial Neural Networks: The State of the Art." *International Journal of Forecasting*, Vol. 14, No. 1, pp. 35–62.

[78] Zhu, M., D. Philpotts, and M. Stevenson (2012): "The Benefits of Tree-Based Models for Stock Selection." *Journal of Asset Management*, Vol. 13, No. 6, pp. 437–448.

[79] Zhu, M., D. Philpotts, R. Sparks, and J. Stevenson (2011): "A Hybrid Approach to Combining CART and Logistic Regression for Stock Ranking." *Journal of Portfolio Management*, Vol. 38, No. 1, pp. 100–109.

参考文献

[1] American Statistical Association (2016): "Statement on Statistical Significance and P-Values." Available at www. amstat. org/asa/files/pdfs/P-ValueStatement. pdf.

[2] Apley, D. (2016): "Visualizing the Effects of Predictor Variables in Black Box Supervised Learning Models." Available at https://arxiv. org/abs/1612.08468.

[3] Athey, Susan (2015): "Machine Learning and Causal Inference for Policy Evaluation." In *Proceedings of the 21st ACM SIGKDD International Conference on Knowledge Discovery and Data Mining*, pp. 5–6. ACM.

[4] Bailey, D., and M. López de Prado (2012): "The Sharpe Ratio Efficient Frontier." *Journal of Risk*, Vol. 15, No. 2, pp. 3–44.

[5] Bailey, D., and M. López de Prado (2013): "An Open-Source Implementation of the Critical-Line Algorithm for Portfolio Optimization." *Algorithms*, Vol. 6, No. 1, pp. 169–196. Available at http://ssrn. com/abstract = 2197616.

[6] Bailey, D., and M. López de Prado (2014): "The Deflated Sharpe Ratio: Correcting for Selection Bias, Backtest Overfitting and Non-Normality." *Journal of Portfolio Management*, Vol. 40, No. 5, pp. 94–107.

[7] Bailey, D., J. Borwein, M. López de Prado, and J. Zhu (2014): "Pseudomathematics and Financial Charlatanism: The Effects of Backtest Overfitting on Out-of-Sample Performance." *Notices of the American Mathematical Society*, Vol. 61, No. 5, pp. 458–71. Available at http://ssrn. com/abstract = 2308659.

[8] Black, F., and R. Litterman (1991): "Asset Allocation Combining Investor Views with Market Equilibrium." *Journal of Fixed Income*, Vol. 1, No. 2, pp. 7 – 18.

[9] Black, F., and R. Litterman (1992): "Global Portfolio Optimization." *Financial Analysts Journal*, Vol. 48, No. 5, pp. 28 – 43.

[10] Breiman, L. (2001): "Random Forests." *Machine Learning*, Vol. 45, No. 1, pp. 5 – 32.

[11] Brian, E., and M. Jaisson (2007): "Physico-theology and Mathematics (1710 – 1794)." In *The Descent of Human Sex Ratio at Birth*. Springer Science & Business Media, pp. 1 – 25.

[12] Brooks, C., and H. Kat (2002): "The Statistical Properties of Hedge Fund Index Returns and Their Implications for Investors." *Journal of Alternative Investments*, Vol. 5, No. 2, pp. 26 – 44.

[13] Cavallo, A., and R. Rigobon (2016): "The Billion Prices Project: Using Online Prices for Measurement and Research." NBER Working Paper 22111, March.

[14] CFTC (2010): "Findings Regarding the Market Events of May 6, 2010." *Report of the Staffs of the CFTC and SEC to the Joint Advisory Committee on Emerging Regulatory Issues*, September 30.

[15] Christie, S. (2005): "Is the Sharpe Ratio Useful in Asset Allocation?" MAFC Research Paper 31. Applied Finance Centre, Macquarie University.

[16] Clarke, Kevin A. (2005): "The Phantom Menace: Omitted Variable Bias in Econometric Research." *Conflict Management and Peace Science*, Vol. 22, No. 1, pp. 341 – 352.

[17] Clarke, R., H. De Silva, and S. Thorley (2002): "Portfolio Constraints and the Fundamental Law of Active Management." *Financial Analysts Journal*, Vol. 58, pp. 48 – 66.

[18] Cohen, L., and A. Frazzini (2008): "Economic Links and Predictable Returns." *Journal of Finance*, Vol. 63, No. 4, pp. 1977 – 2011.

[19] De Miguel, V. , L. Garlappi, and R. Uppal (2009): "Optimal versus Naive Diversification: How Inefficient Is the 1/N Portfolio Strategy?" *Review of Financial Studies*, Vol. 22, pp. 1915 – 1953.

[20] Ding, C. , and X. He (2004): "K-Means Clustering via Principal Component Analysis." In *Proceedings of the 21st International Conference on Machine Learning*. Available at http://ranger.uta.edu/~chqding/papers/KmeansPCA1.pdf.

[21] Easley, D. , M. López de Prado, and M. O'Hara (2011a): "Flow Toxicity and Liquidity in a High-Frequency World." *Review of Financial Studies*, Vol. 25, No. 5, pp. 1457 – 1493.

[22] Easley, D. , M. López de Prado, and M. O'Hara (2011b): "The Microstructure of the 'Flash Crash': Flow Toxicity, Liquidity Crashes and the Probability of Informed Trading." *Journal of Portfolio Management*, Vol. 37, No. 2, pp. 118 – 128.

[23] Efron, B. , and T. Hastie (2016): *Computer Age Statistical Inference: Algorithms, Evidence, and Data Science*. 1st ed. Cambridge University Press.

[24] Embrechts, P. , C. Klueppelberg, and T. Mikosch (2003): *Modelling Extremal Events*. 1st ed. Springer.

[25] Goutte, C. , P. Toft, E. Rostrup, F. Nielsen, and L. Hansen (1999): "On Clustering fMRI Time Series." *NeuroImage*, Vol. 9, No. 3, pp. 298 – 310.

[26] Grinold, R. , and R. Kahn (1999): *Active Portfolio Management*. 2nd ed. McGraw-Hill.

[27] Gryak, J. , R. Haralick, and D. Kahrobaei (Forthcoming): "Solving the Conjugacy Decision Problem via Machine Learning." *Experimental Mathematics*. Available at https://doi.org/10.1080/10586458.2018.1434704.

[28] Hacine-Gharbi, A. , and P. Ravier (2018): "A Binning Formula of Bi-histogram for Joint Entropy Estimation Using Mean Square Error Minimization." *Pattern Recognition Letters*, Vol. 101, pp. 21 – 28.

[29] Hacine-Gharbi, A., P. Ravier, R. Harba, and T. Mohamadi (2012): "Low Bias Histogram-Based Estimation of Mutual Information for Feature Selection."*Pattern Recognition Letters*, Vol. 33, pp. 1302 – 1308.

[30] Hamilton, J. (1994): *Time Series Analysis*. 1st ed. Princeton University Press.

[31] Harvey, C., Y. Liu, and C. Zhu (2016): "… and the Cross-Section of Expected Returns." *Review of Financial Studies*, Vol. 29, No. 1, pp. 5 – 68. Available at https://ssrn.com/abstract = 2249314.

[32] Hodge, V., and J. Austin (2004): "A Survey of Outlier Detection Methodologies." *Artificial Intelligence Review*, Vol. 22, No. 2, pp. 85 – 126.

[33] IDC (2014): "The Digital Universe of Opportunities: Rich Data and the Increasing Value of the Internet of Things." *EMC Digital Universe with Research and Analysis*. April. Available at www.emc.com/leadership/digital-universe/2014iview/index.htm.

[34] Ingersoll, J., M. Spiegel, W. Goetzmann, and I. Welch (2007): "Portfolio Performance Manipulation and Manipulation-Proof Performance Measures." *The Review of Financial Studies*, Vol. 20, No. 5, pp. 1504 – 1546.

[35] Jaynes, E. (2003): *Probability Theory: The Logic of Science*. 1st ed. Cambridge University Press.

[36] Jolliffe, I. (2002): *Principal Component Analysis*. 2nd ed. Springer.

[37] Kraskov, A., H. Stoegbauer, and P. Grassberger (2008): "Estimating Mutual Information." Working paper. Available at https://arxiv.org/abs/cond-mat/0305641v1.

[38] Laloux, L., P. Cizeau, J. P. Bouchaud, and M. Potters (2000): "Random Matrix Theory and Financial Correlations." *International Journal of Theoretical and Applied Finance*, Vol. 3, No. 3, pp. 391 – 397.

[39] Ledoit, O., and M. Wolf (2004): "A Well-Conditioned Estimator for Large-Dimensional Covariance Matrices." *Journal of Multivariate Analysis*, Vol. 88, No. 2, pp. 365–411.

[40] Lewandowski, D., D. Kurowicka, and H. Joe (2009): "Generating Random Correlation Matrices Based on Vines and Extended Onion Method." *Journal of Multivariate Analysis*, Vol. 100, pp. 1989–2001.

[41] Liu, Y. (2004): "A Comparative Study on Feature Selection Methods for Drug Discovery." *Journal of Chemical Information and Modeling*, Vol. 44, No. 5, pp. 1823–1828. Available at https://pubs.acs.org/doi/abs/10.1021/ci049875d.

[42] Lo, A. (2002): "The Statistics of Sharpe Ratios." *Financial Analysts Journal*, July, pp. 36–52.

[43] Lochner, M., J. McEwen, H. Peiris, O. Lahav, and M. Winter (2016): "Photometric Supernova Classification with Machine Learning." *The Astrophysical Journal*, Vol. 225, No. 2. Available at http://iopscience.iop.org/article/10.3847/0067-0049/225/2/31/meta.

[44] López de Prado, M. (2016): "Building Diversified Portfolios that Outperform Out-of-Sample." *Journal of Portfolio Management*, Vol. 42, No. 4, pp. 59–69.

[45] López de Prado, M. (2018a): *Advances in Financial Machine Learning.* 1st ed. Wiley.

[46] López de Prado, M. (2018b): "The 10 Reasons Most Machine Learning Funds Fail." *The Journal of Portfolio Management*, Vol. 44, No. 6, pp. 120–133.

[47] López de Prado, M. (2019a): "A Data Science Solution to the Multiple-Testing Crisis in Financial Research." *Journal of Financial Data Science*, Vol. 1, No. 1, pp. 99–110.

[48] López de Prado, M. (2019b): "Beyond Econometrics: A Roadmap towards Financial Machine Learning." Working paper. Available at https://ssrn.com/abstract=3365282.

[49] López de Prado, M. (2019c): "Ten Applications of Financial Machine Learning." Working paper. Available at https://ssrn.com/abstract=3365271.

[50] López de Prado, M., and M. Lewis (2018): "Detection of False Investment Strategies Using Unsupervised Learning Methods." Working paper. Available at https://ssrn.com/abstract=3167017.

[51] Louppe, G., L. Wehenkel, A. Sutera, and P. Geurts (2013): "Understanding Variable Importances in Forests of Randomized Trees." In *Proceedings of the 26th International Conference on Neural Information Processing Systems*, pp. 431–439.

[52] Markowitz, H. (1952): "Portfolio Selection." *Journal of Finance*, Vol. 7, pp. 77–91.

[53] Meila, M. (2007): "Comparing Clusterings — an Information Based Distance." *Journal of Multivariate Analysis*, Vol. 98, pp. 873–895.

[54] Mertens, E. (2002): "Variance of the IID estimator in Lo (2002)." Working paper, University of Basel.

[55] Molnar, C. (2019): "Interpretable Machine Learning: A Guide for Making Black-Box Models Explainable." Available at https://christophm.github.io/interpretable-ml-book/.

[56] Mullainathan, S., and J. Spiess (2017): "Machine Learning: An Applied Econometric Approach." *Journal of Economic Perspectives*, Vol. 31, No. 2, pp. 87–106.

[57] Neyman, J., and E. Pearson (1933): "IX. On the Problem of the Most Efficient Tests of Statistical Hypotheses." *Philosophical Transactions of the Royal Society*, Series A, Vol. 231, No. 694–706, pp. 289–337.

[58] Opdyke, J. (2007): "Comparing Sharpe Ratios: So Where Are the p-Values?" *Journal of Asset Management*, Vol. 8, No. 5, pp. 308 – 336.

[59] Parzen, E. (1962): "On Estimation of a Probability Density Function and Mode." *The Annals of Mathematical Statistics*, Vol. 33, No. 3, pp. 1065 – 1076.

[60] Resnick, S. (1987): *Extreme Values, Regular Variation and Point Processes*. 1st ed. Springer.

[61] Romer, P. (2016): "The Trouble with Macroeconomics." *The American Economist*, September 14.

[62] Rosenblatt, M. (1956): "Remarks on Some Nonparametric Estimates of a Density Function." *The Annals of Mathematical Statistics*, Vol. 27, No. 3, pp. 832 – 837.

[63] Rousseeuw, P. (1987): "Silhouettes: A Graphical Aid to the Interpretation and Validation of Cluster Analysis." *Computational and Applied Mathematics*, Vol. 20, pp. 53 – 65.

[64] Schlecht, J., M. Kaplan, K. Barnard, T. Karafet, M. Hammer, and N. Merchant (2008): "Machine-Learning Approaches for Classifying Haplogroup from Y Chromosome STR Data." *PLOS Computational Biology*, Vol. 4, No. 6. Available at https://doi.org/10.1371/journal.pcbi.1000093.

[65] Sharpe, W. (1966): "Mutual Fund Performance." *Journal of Business*, Vol. 39, No. 1, pp. 119 – 138.

[66] Sharpe, W. (1975): "Adjusting for Risk in Portfolio Performance Measurement." *Journal of Portfolio Management*, Vol. 1, No. 2, pp. 29 – 34.

[67] Sharpe, W. (1994): "The Sharpe Ratio." *Journal of Portfolio Management*, Vol. 21, No. 1, pp. 49 – 58.

[68] Šidàk, Z. (1967): "Rectangular Confidence Regions for the Means of Multivariate Normal Distributions." *Journal of the American Statistical Association*, Vol. 62, No. 318, pp. 626 – 633.

[69] Solow, R. (2010): "Building a Science of Economics for the Real World." Prepared statement of Robert Solow, Professor Emeritus, MIT, to the House Committee on Science and Technology, Subcommittee on Investigations and Oversight, July 20.

[70] Steinbach, M., E. Levent, and V. Kumar (2004): "The Challenges of Clustering High Dimensional Data." In L. Wille (ed.), *New Directions in Statistical Physics*. 1st ed. Springer, pp. 273–309.

[71] Štrumbelj, E., and I. Kononenko (2014): "Explaining Prediction Models and Individual Predictions with Feature Contributions." *Knowledge and Information Systems*, Vol. 41, No. 3, pp. 647–665.

[72] Varian, H. (2014): "Big Data: New Tricks for Econometrics." *Journal of Economic Perspectives*, Vol. 28, No. 2, pp. 3–28.

[73] Wasserstein, R., A. Schirm, and N. Lazar (2019): "Moving to a World beyond $p < 0.05$." *The American Statistician*, Vol. 73, No. 1, pp. 1–19.

[74] Wasserstein, R., and N. Lazar (2016): "The ASA's Statement on p-Values: Context, Process, and Purpose." *The American Statistician*, Vol. 70, pp. 129–133.

[75] Witten, D., A. Shojaie, and F. Zhang (2013): "The Cluster Elastic Net for High-Dimensional Regression with Unknown Variable Grouping." *Technometrics*, Vol. 56, No. 1, pp. 112–122.